中国纪录片工作者研究

丰　瑞　著

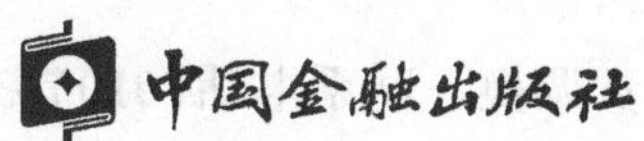

责任编辑：石　坚
责任校对：潘　洁
责任印制：程　颖

图书在版编目（CIP）数据

中国纪录片工作者研究 / 丰瑞著. —北京：中国金融出版社，2019. 11
ISBN 978 -7 -5220 -0337 -5

Ⅰ. ①中…　Ⅱ. ①丰…　Ⅲ. ①纪录片—文化工作者—研究—中国　Ⅳ. ①K825. 42

中国版本图书馆 CIP 数据核字（2019）第 244385 号

中国纪录片工作者研究
Zhongguo Jilupian Gongzuozhe Yanjiu
出版
发行　中国金融出版社
社址　北京市丰台区益泽路 2 号
市场开发部　(010)63266347，63805472，63439533（传真）
网 上 书 店　http：//www. chinafph. com
(010)63286832，63365686（传真）
读者服务部　(010)66070833，62568380
邮编　100071
经销　新华书店
印刷　北京七彩京通数码快印有限公司
尺寸　169 毫米×239 毫米
印张　14
字数　158 千
版次　2019 年 11 月第 1 版
印次　2019 年 11 月第 1 次印刷
定价　48. 00 元
ISBN 978 -7 -5220 -0337 -5

前 言

如今，作为全球第二大经济体，中国经济实力的快速提升，使全世界对这个正在崛起的古老国度投入了前所未有的关注。除了经济领域，国际上希望读懂中国的目光开始更多地投向文化领域。实际上，中国政府比以往任何时期都有更强烈地发出“中国声音”的意愿。在从经济大国向文化大国迈进的过程中，顶层设计的出现和阐释，为中国文化领域的发展划定了方向，同时，纪录片，这种和国家话语最紧密相关的影视产品，也被纳入战略视野。

2010 年，国家广播电影电视总局发布《关于加快纪录片产业发展的若干意见》（以下简称《意见》），这是国家管理部门第一次对中国纪录片的发展提出整体性指导意见。《意见》明确了纪录片是建设社会主义先进文化的重要载体，是实施中华文化“走出去”、展示中国大国形象的重要传播平台。2010 年至今，中国纪录片的生产播出量逐年增加，也出现了像《舌尖上的中国》等一系列具有社会效益和经济效益的佳作。根据社会科学文献出版社《纪录片蓝皮书》发布的数据，2015 年全年，全国纪录片制作量为 19100 小时，比 2014 年增加了 1600 小时；纪录片播出量为 61000 小时，同比增幅约 10%。[①] 在很多纪录片的会议和节展活动中，专家学者们都会感叹一句话，“中国纪录片的春天已经来了”。

① 何苏六．中国纪录片发展报告（2015）［M］．北京：社会科学文献出版社，2016：15.

数据是漂亮的，但是宏观的大数据容易让我们忽略微观情境下中国纪录片生产传播的真实情况到底如何。在漂亮的数据背后，仍然有许多问题是值得关注和思考的。笔者工作于中国传媒大学，因为学缘背景，经常会接触一些纪录片的从业者，他们可能是成名的纪录片导演、制片人、剪辑师，也可能是初出茅庐的菜鸟。在和他们聊天的过程中，笔者既能感受到一个欣欣向荣的纪录片行业中从业者的满足与荣耀，也能时时感受到从业者普遍的困惑和挣扎。于是，天生的好奇心驱使笔者想弄明白一个基本问题：当下纪录片工作者的生存状况到底是怎样的？作为文化创意领域的劳动者，他们遇到的具体问题和困境到底是什么？

在2005年举办的中国纪录片发展论坛上，与会者共同起草了一份《中国纪录片人宣言》。这份宣言写到，“我们是用镜头语言去构建时代大厦的勤奋劳动者”。[①] 2006年，台湾纪录片导演杨力州发出感慨，“其实，我们是劳工。”[②] 从劳动者到劳工，这给了我们研究纪录片工作者新的视角——劳动。以马克思主义政治经济学回归劳动本质和文化的劳动过程，也是本书思考的起点。马克思提出了商品生产中劳动的两重性，即具体劳动和抽象劳动的统一。具体劳动是社会分工意义上的劳动，也是我们通常理解的狭义的劳动；而抽象劳动是人类社会存在的一种无差别的常态，它并不限定在特定的场所内。[③] 丹·席勒说，“劳动不仅仅是体力生产和苦力，而是人类自觉行动的独特能力与活动，它不仅包括表达与思考，同时包括行动与能量，并且将二者统一在一起。”[④] 所以从抽象劳动层面看，纪录片工作者的“劳动”，不仅是指纪录片的生产创作，也包括他“工作”以外的和

① 刘效礼. 2006中国电视纪录片前沿报告［M］. 北京：中国传媒大学出版社，2006：1.

② 杨力州. 其实，我们是劳工［EB/OL］. http：//web. pts. org. tw/php2/program/point/pointViewArticle. php？serials = 7&Page = 1&num，2006 - 03 - 07.

③ 王维佳. 作为劳动的传播——中国新闻记者劳动状况研究［M］. 北京：中国传媒大学出版社，2011：16 - 17.

④ 丹·席勒. 传播理论史——回归劳动［M］. 冯建三，译. 北京：北京大学出版社，2012：6.

纪录片相关的其他一切实践活动，它是纪录片工作者社会实践的一种基本状态。

在新时期，中国纪录片工作者在社会主义主流文化及核心价值观的政治引导下，在市场经济规律的影响下，在角色的信念、期待、规范中，一个想象的共同体——纪录片人跃然于时代的舞台上。这个共同体并不是一时一地的产物，它是伴随中国纪录片的变迁而发展起来的概念。从延安时代的“延安摄影团”，到制作“新闻简报”的国家干部和军人，再到电视台的新闻记者和纪录片编导，以至体制外独立导演的分化，纪录片人作为一种身份的想象一直成为联结纪录片工作者情感与信念的最活跃因素。一个共同体的形成和维持，是以某种共同价值或共同利益为联系纽带的，或者说是某种共同价值或共同利益使它们聚在了一起。但随着新自由主义的导向以及全球化背景下传媒影视行业的发展扩张，中国纪录片工作者形成了一个极为庞大而又急剧分化的群体，这种分化是纪录片工作者在市场与专业主义之间举棋不定的必然结果。他们虽然职业相同，但有体制内外之分、年龄之分、阶层之分、价值观之分，他们的劳动过程和社会实践呈现一种复杂多元的图景。

目前，中国纪录片工作者的主体，分解为两个层级——官方与民间的阵营。在官方层级中，任职于国家主导下的政府或媒体机构的纪录片工作者，他们赶上了“纪录片的春天”，以一种“国家话语”的形式在纪录片的生产、传播、营销中扮演着关键的主流角色；而在民间层级中，纪录片的自由职业者生存在一个更加弹性化的经济环境中，他们的角色逐步向市场主体和自由劳动力身份靠近，当资本逻辑成为社会主调，纪录片创作转变为商品化的生产活动时，他们就被镶入工业生产的代工机制中，进入一个又一个临时且不稳定的短期雇佣系统中，以做活儿换取酬劳。当然，这种划分并不绝对，而是始终保持在一种动态发展的状态中。“生活在现代社会意味着生活在一个万花筒的中心，角色随时在变。”① 从角色间的互动到角色间的互融，体现在中国纪录片工作者的具体行为中。应该说，无论是在官方还是在民间阵营中，纪录片的“劳动”不仅形塑着纪录片的形态，也塑造着工作者的社会角色、主体意识、劳动过程，而这正是本书将要着力讨论的问题。本书想解决的问题是，中国纪录片人的劳动过程是怎样的？控制与自我控制的因素在这个过程中如何呈现？在梦想与文化创意产业光环普照下，他们又如何遭遇多重权力关系的宰制？

莎士比亚在《皆大欢喜》中有一句台词，“全世界是一个舞台，所有的男男女女不过是一些演员，他们都有下场的时候，也都有上场的时候。”② 对莎翁的角色理论诠释最深的，是戈夫曼的拟剧理论：演员在舞台的表演是由剧本、导演指示、其他演员的表演、观众的反应以及演出者的才干所共同决定的。③ 与此类似，人们在社会中的行为与人们的社会位置、身份有关，其行为是扮演一种社会角色。本书把中国纪录片的媒介生态看做一个舞台，纪录片工作者作为舞台上的演员，在具体的社会情境中，背诵着剧本、受制于导演、被观众影响，上演着一幕幕多元化的故事。他们的个体语言、行为和信仰，以及他们之间的互动，是本书进行深描的内容。通过深描，以期达成一种文化的解释。

本书的主体内容分为以下五个章节：

第一章，提出中国纪录片工作者主体性缺失的问题，他们都是谁？他们来自哪里？作为从事文化工作的纪录片人，传统的研究彻底忽略了他们个人的经验变化、个体主体性以及个人的能动性。本章试图宏观回顾中国纪录片人角色演变的逻辑，并提出本书媒体人类学的方法论和具体的研究方法。

---

① 奚从清．角色论——个人与社会的互动［M］．杭州：浙江大学出版社，2010：13.

② 威廉·莎士比亚．莎士比亚全集（二）［M］．朱生豪，等译．北京：人民出版社，1994：139.

③ 欧文·戈夫曼．日常生活中的自我呈现［M］．冯钢，译．北京：北京大学出版社，2008.

第二章，首先跳出了人的研究，以纪录片的概念、美学、类型展开论述纪录片基础性问题，以期使读者对于纪录片有一个基本的认识和理解。另外，本章也梳理了中国纪录片的历史脉络。

第三章，以“中国纪录片从业者生存状况调查问卷”为起点，探讨了中国纪录片人的职业意识和观念。纪录片人的职业意识从三个层面展开：首先是从业者对纪录片这一媒介功能的理解，其次是纪录片从业者对其职业角色的理解，最后是从业者对于自我认同的理解。

第四章，进入媒体人类学的章节。在资本逻辑为主导的社会，成为自由劳动力的纪录片工作者被逐步工具化，他们被镶入工业生产的理性机制中，为生计和理想所迫，进入一个又一个的短期雇佣关系中，由此自由职业的代工性质和矛盾的弹性结构产生直接的劳动控制。同时，自由职业纪录片工作者的劳动过程隐藏着一种自我控制。工作者们不得不规训于市场逻辑，这种规训更加形塑和巩固了彼此之间不平等的权利关系。

第五章，仍然是媒体人类学的章节。我们以传统媒体 A 机构的故事来微观展现体制内纪录片工作者的劳动和生活。作为单位组织的雇员，纪录片工作者如何在劳动过程中与单位组织完成互动，并在常规中进行自我控制。体制内的纪录片人如何看待自我和工作，他们的职业倦怠又意味着什么？

目　录

第一章　考察纪录片工作者的新视角

第一节　文化劳动者与中国纪录片人

本书自始至终的讨论重点都是一群特殊的文化劳动者，因为文化创意者正是文化产业劳动中最核心和关键的要素。他们的主要职责是创造生产符号化的商品，而在向“后工业”经济、“创意经济”“知识经济”的转型中，这类产品也是最为关键的部分。其实，不光是纪录片工作者，即使是从事文化创意的这类人，也缺少相应的关注。赫斯蒙德霍说，“这些文化创意者，他们生产文化，但是我们对于他们的工作条件，知之甚少。这可能是因为对于学术界来说，文化产业本身也比较新颖，研究者可能没时间将文化工作者理论化”。[①] 当然，部分的原因在于，社会科学似乎不认为文化的工作是一种工作，即文化的工作也是一种人们从中获取报酬的经济活动。传统上，学者比较倾向于聚焦那些可见的、支撑工业社会形态的工作形式，像那些重工业的核心生产活动。但是，文化创意的工作因为带有艺术、创造力的

① Hesmondhalgh. D. The Cultural Industries [M]. Sage Publishers, 2007: 5.

意涵，具有特立独行的实践、含糊不清的结构，而且创造着看似琐碎、浮华、奢侈的物品，显得与经济生活的本质相去甚远，以至于比较关心体力劳动者和更有用的生产活动的研究者，很难燃起对文化工作者研究的热情。人们似乎认为，艺术与文化的世界并不属于经济分析的范围，甚至是一种偏见：我们不愿意将文化生产视为真正的工作，那些导演、作家、画家、音乐人，他们从事着有趣愉快的工作，而非结构化的经济活动。莱恩说，“艺术家作为历史建构的角色，是一个有名有姓的人物，拥有无可束缚的创意与天赋，但这使他们被当作劳动力纳入生产过程，变得困难重重”。[①]

缺少对文化工作者的社会学关注，也是可以理解的。因为这些人长久以来被推崇为标新立异的创新者，所以社会学必然会忽略这些个体，而去强调社会面和集体性。但是，这样就彻底忽略了文化工作中个人的经验变化、个体主体性以及个人的能动性。这种研究方向在纪录片领域也表现得较为突出。主流的纪录片研究偏重文本、政治、美学、伦理、史论的范畴，伴随文化创意产业的兴起与发展，对纪录片与市场之间的研究也逐渐增多。但是在纪录片研究的方向中，关于纪录片背后的人——创作者主体的体察与发掘却凤毛麟角。

关于纪录片人的提法，在文献中多有体现，但也仅仅是作为一种称谓或者一种工作体现，并没有专门的文章论述这一想象的共同体的来龙去脉，以及这一共同体如何在现实的具体情境中展开实践的。沿着历史的长河，中国纪录片人的形成可追溯到革命年代，“延安电影团”是最早的雏形，在烽火连天的岁月中出现的纪录片人，有着红军

① Ryan, B. Making Capital from Culture: The Corporate Form of Capitalist Cultural Production [M]. Walter de Gruyter Publishers, 1992: 5.

时代的革命文艺传统，把团结人民、鼓舞人民、打击敌人作为拍摄的主要目的。[①] 随着新中国成立初期国内电影制片厂的建立，纪录片人的战斗特点一直被传承延续着，这种观念深受苏联的影响。列宁指出，新闻片应该是形象化的政论，新闻电影工作者应该向我党和苏维埃的报刊的优秀典范学习政论，应该成为手拿摄影机的布尔什维克记者。1949—1979 年，新闻简报成为那个时期纪录片人的唯一作品，老一辈纪录片工作者被集体主义和国家利益的观念所主导，安全第一的思想观念很大程度上变成当时新闻纪录片人员的一种自律，同时也制约了他们主观创造力的发挥。[②]

进入 20 世纪 80 年代，在这个文化启蒙和人性解放的时间段，纪录片工作者以精英知识分子自居，对历史和现实进行批判和思考，相对于前一阶段，20 世纪 80 年代纪录片的发展并不完全在政治权力话语下进行，更应该是政治权力和精英知识分子的合作表演。[③] 随着电视在中国的兴起，纪录片人往往是一个分工协作的群体，他们有的是中央电视台的记者，有的是地方台的记者。这一时期的电视纪录片创作者开始成为真正的创作者，有了融入自己思想、表达自己观念、发挥自己艺术才能的空间。不过，这个时期的这些行为基本上表现为一种群体的共同行为。[④] 20 世纪 80 年代是中国社会的重要转型期，戴锦华认为这一时期存在着一种结构性裂隙。[⑤] 这种裂隙和分化表现在社会的方方面面，同时也在纪录片阵营中出现。独立纪录片人在 20

---

① 高维进．中国新闻纪录电影史［M］．北京：世界图书出版社，2013：45.

② 何苏六．中国电视纪录片史论［M］．北京：中国传媒大学出版社，2005：13.

③ 邢勇．话语变迁与权力表达——观察中国电视纪录片 30 年的一种视角［J］．现代传播，2009（1）.

④ 何苏六．中国电视纪录片史论［M］．北京：中国传媒大学出版社，2005：48.

⑤ 戴锦华．隐形书写——90 年代中国文化研究［M］．南京：江苏人民出版社，1999：50.

世纪 80 年代末 90 年代初的舞台中登场，关于他们的论述也成为纪录片研究的热点。

学者们对独立纪录片人的出现进行了阶段性梳理。其中，崔卫平的观点具有代表性，他概括和提炼出三个阶段：第一阶段为 1990—1993 年。对中国独立纪录片出现的社会语境和精神源头做了探讨，并着重分析了吴文光、蒋樾和段锦川三位独立纪录片人在何种程度上以何种方式建构起独立话语。第二阶段为 1993—1997 年。作者认为，随着大陆电视体制的不断变化和成熟，独立纪录片人不再以一种敌视的对抗姿态出现，而是积极寻找和体制合作的可能性。第三阶段为 1999—2002 年。作者认为，随着新技术数码摄像机即 DV 及非线剪辑系统的出现，独立制作的队伍中一下子涌进一大批新生力量，出现了所谓一个人的影像。[①] 除此之外，关于独立纪录片人的身份问题，也成为一个绕不开的话题。身份问题从一开始就构成对独立纪录片创作者的制约和挑战，独立纪录片作者的身份是特殊的，他们多少都曾在体制内电视台有过某种工作或合作关系，但是在为电视台制作节目的过程中，他们感到相当程度的束缚与制约。于是，独立制作纪录片成为他们实现艺术理想的最好选择。[②] 新纪录片作者有两类身份，一类是彻底体制内的，如时间、康健宁一直都是电视台内部的人，待在体制内，但是有自己的文化理想，愿意在体制内谋求变通。另一类如吴文光、段锦川等，本来可以享受电视体制内的福利，但是他们看重自由的价值，在体制内拍片是为谋生和蹭机器，好完成独立的表达。[③]

① 崔卫平．中国大陆独立纪录片的生长空间［J］．二十一世纪，2003（6）．

② 郑伟．记录与表述——中国大陆 1990 年以来独立纪录片发展史略［J］．读书，2003（10）．

③ 王小鲁．中国独立纪录片 20 年观察［J］．电影艺术，2006（10）．

其实，独立纪录片工作者一直很反感和否认把他们定位在地下，不愿意把自己置于一个与体制对立的位置，在中国，体制内与体制外有着彼此的渗透和互动，并不是想象中简单的对立，[①] 1993 年以后，在中国纪录片里最有分量、最有影响的一部分作品——虽然不能说全部——都是采用了这种形式：独立制片人和电视台制片人达成某种默契，在体制内完成。[②]

2000 年以后，随着国家影视产业政策的调整，民营机构获得了影响生产的合法权利以后，独立影像甚至直接接入体制内。不仅如此，随着大陆开放程度的深化与网络媒体的发展，独立纪录片的生存早已不再是一条与官方、与商业行为完全对立的死胡同。[③] 这一时期体制外的纪录片人的共同特点是熟悉国际规则，并不排斥商业元素，比以往的纪录片人更了解市场和规则，很大一部分独立纪录片导演逐渐主动转向商业制作，另一些则在复杂的市场利益牵扯下不得不作出各种妥协。所以独立其实已经是不存在的，独立纪录片也不能表达他们的作品属性。应该说，我国独立纪录片人的意涵，并不是一个职业工作范畴，而是一种在特定时代背景下产生的精神思想和创作理念上相对统一的纪录片共同体。而最近几年出现的纪录片自由职业者，更强调一种专业的工作上的范畴。此提法的出现，对应了近十年“国家—资本”双重逻辑下纪录片行业的发展与变化。相较于 20 世纪末，当下中国的政治经济环境已经发生了很大的变化，在单位体制出现松动、资本力量介入传媒市场的背景下，大量的媒体从业者选择在体制

---

① 吕新雨．纪录中国——当代中国新纪录运动［M］．北京：三联出版社，2003：21.

② 林旭东．纪录电影手册［M］．北京：北京大学出版社，2012：35.

③ 雷建军，李莹．生活而已——2000 年后中国独立纪录片导演研究［M］．重庆：西南师范大学出版社，2013：13.

外生存，而国家多次对于纪录片的顶层设计与政策扶持激发了中国纪录片的商业潜能，客观上提供了体制外纪录片的生存土壤。

当我们审视关于中国纪录片工作者的文献时，会发现湮没于各种文献中的纪录片人，并没有呈现清晰的面貌。他们在社会经济文化结构中处于何等位置？这些位置如何塑造了他们自身，又如何影响了他们的行为？具体表现在：第一，随着20世纪90年代中后期电视纪录片的衰败，对体制内纪录片工作者的描述少之又少，相比于对独立纪录人的相关研究，他们的主体性完全消隐在宏大叙事的主流意识形态中。第二，关于纪录片人的研究，相关文献更多的是以作品研究取代人的研究，也就是说文本的研究很多，但是缺乏对纪录片工作者日常生活的实践行为的分析，缺少微观层次上对纪录片人的个体关注。这些问题将在本书中予以强调和补充，我们将以历史的、人类学的、文化批判的三种社会学的想象力，倾向于关注纪录片人的主体性和行动者的作用，描绘纪录片人的日常生活和行为逻辑。综上所述，当我们开展一种人的研究时，需要突破纪录片研究的传统范式，找寻一种新的方法论。

第二节　媒体人类学

克利福德·格尔茨说，“人是悬置在由他自己织就的意义之网中的动物，我把文化看做这些网，因而，人类学对文化的分析不是一种追寻规律的实验性科学，而是一种探索意义的阐释性科学”。[①] 这表明了人类学的基本属性，也表明人类学研究方法独特的哲学基础和实践特性，它来源于对人和人类社会的本质性认识。在远离现代社会的原始村落氏族，人类学家或公开或隐蔽、相当长时间地参与当地人的日常生活，观察发生了什么，倾听人们说了什么，提出问题并通过对社会结构、文化意义的整体描述和以当地人的视角及理解方式回答这些问题。在一个全球化、市场化、信息化的地球村中，已经不存在绝对意义上封闭的异文化社会。随着时代的变迁，人类学研究也发生了明显的转向，以一种离我远去的陌生眼光观看自己的文化，成为当代人类学研究新的进路。在被信息、影像层层包裹下，人类学家也从巫术中逃离，逐渐走进了媒体的世界。[②]

其实早在 1969 年的美国人类学学会年会中，参会者就首次使用了“媒体人类学”（media anthropology）的概念。这个概念的提出，旨在指导人类学家如何操作才能成功地借助媒体走向公众，与我们当下讨论的“媒体人类学”的意涵完全不同。[③] 直到 20 世纪末 21 世纪初，费·金斯伯格、凯利·阿斯库、艾瑞克·罗森布勒等学者开始对人类学在媒体中的考察进行归纳梳理。阿斯库定义媒体人类学，是人们使用和理解媒介技术民族志的、历史的、语境化的分析。[④] 菲利普·布德卡对媒体人类学的界定是媒体人类学是对（流行或大众）传媒的民族志研究，它承诺要对文化差异进行细致的分析，是一种运用

① 克利福德·格尔茨．文化的解释［M］．韩莉，译．南京：译林出版社，1999：5.

② Sara Dickey. Anthropology and Its Contributions to Studies of Mass Media［J］. International Social Science Journal，1997，49.

③ 李春霞，彭兆荣．媒介化世界里人类学家与传播学家的际会：文化多样性与媒体人类学［J］．思想战线，2008（6）.

④ 郭建斌．媒体人类学：概念、历史及理论视角［J］．国际新闻界，2015（10）.

人类学理论和方法去理解显在的媒介化实践和潜在的其他实践的媒介化方面之间关系的批判理论建构。[①] 我国传播民族志学者郭建斌在以上定义的基础上，归纳媒体人类学是对媒体相关的社会实践的民族志研究。[②] 虽然国内外学者们努力尝试从不同的维度解释这个概念并使其指涉在所有的研究中，但媒体人类学并没有在讨论中更加清晰，反而概念的边界在不断拓展中越发模糊。在对已有的民族志的理解和概念的一次次讨论中，我们基本形成一个共识：不能简单地把媒体人类学理解为人类学在当代社会科学中的一个门类或分支，它对于我们理解人与媒介的关系具有理论提升的意义。首先，媒体人类学是一种方法论，这种方法论让我们超越了媒体研究中的传统框架，而去体察媒介生产者或接受者在实践中错综复杂的关系、意义、机制和逻辑。其次，媒体人类学对微观情境的具体体察，是为了把媒介生产、流通和接受与广泛的、彼此交叉的社会和文化场域联系起来，这种场域既包括地区的、区域的，也涵盖全国性的、跨国的。[③]

虽然理论的廓清是在最近十年，但人类学家一直自发地与媒介实践进行着对话。20 世纪 40 年代，豪腾斯·鲍德梅克就开始对好莱坞工业进行民族志的调查。在《好莱坞梦工厂：一个人类学家对电影生产者的考察》中，鲍德梅克以好莱坞电影从业者为观察对象，揭示了美国电影最核心的本质矛盾：它既是艺术，又是工业。一部电影的产生，无疑依靠着制作队伍里各成员的通力合作，不仅包括高收入的制

① 李春霞，彭兆荣．媒介化世界里人类学家与传播学家的际会：文化多样性与媒体人类学［J］．思想战线，2008（6）．

② 郭建斌．媒体人类学：概念、历史及理论视角［J］．国际新闻界，2015（10）．

③ 费·金斯伯格．媒体世界：人类学的新领域［M］．丁惠民，译．北京：中国商务出版社，2015：18.

片人、导演和明星，也包括处于中下收入水平的工作者，诸如编剧、美术指导、服装设计、摄影师、布景师和电工。鲍德梅克的好莱坞研究，开创了媒介生产研究新的范式，也为当时的社会理论贡献了经验主义的证据。20 世纪 70 年代，盖伊·塔奇曼的《做新闻》、赫伯·特甘斯的《什么在决定新闻》、马克·费世曼的《生产新闻》的关注点从电影转移到电视。这一系列的新闻室观察研究，是研究者在新闻机构中进行长时间的观察，甚至作为记者亲自参与到新闻制作的过程，然后对新闻生产作出理论意义的描述和阐释。20 世纪 80 年代之后，生产研究转向到流通与接受后，受众也成为人类学的观察对象。里拉·卢赫德对由国家主导下的埃及电视剧对观众的影响进行了多层次的分析。费·金斯伯格研究了北美因纽特人和澳洲原住民的媒体使用问题。布莱尔·拉金以尼日利亚的一个电影院为切入点，检视了电影放映的空间和活动如何在殖民统治下成为公共文化的组成部分。[①] 近年来，雪莉·奥特娜的研究在媒体人类学领域引起新关注。在《不是好莱坞："美国梦"衰退下的独立电影》中，奥特娜通过大量独立电影人的访谈和参与式观察，论述成长于自由主义下的美国电影人如何通过影像实践反抗好莱坞的文化霸权。[②] 以上的媒体人类学论著对纪录片工作者的研究具有极大的启示意义，本书也将在此框架下进行。

从 2015 年 7 月至 2017 年 5 月，笔者以参与式观察、深度访谈为方法进行着一项媒体人类学的田野调查。在这两年中，笔者以"滚雪

① 郭建斌．媒体人类学：概念、历史及理论视角［J］．国际新闻界，2015（10）．

② Sherry B. Ortner. Not Hollywood：Independent Film at the Twilight of the American Dream［M］. Duck University Press，2013.

球”的方式陆续采访了85位纪录片工作者，其中，15位来自体制内媒体单位A机构，关于他们的故事将在第五章讲述；另外，还有20位采访观察的对象来自其他的体制内媒体机构，他们分别分布在北京、上海、深圳、广州、重庆、武汉、西安、大连、杭州、南京；其余采访调研的50位纪录片人都是纪录片自由职业者，他们有的以个体身份工作，有的是与合作伙伴成立工作室来开展工作，虽然他们的市场实践程度不同，但是他们共同的特点都是不依附媒体组织和传媒公司，完全以个人身份标签从事与纪录片相关的工作。虽然他们的工作流动性较强，但笔者所接触的这些纪录片自由职业者基本上生活在北京、上海、广州三个城市，采访也都是在这些城市完成的。无论是体制内外，为了更好地融入他们的日常生活，我不仅和他们对话交流，并作为旁观者见证参与了他们进行一切与纪录片相关的实践活动。虽然我的主要观察对象是纪录片工作者，但因为我高度卷入他们的私人生活中，所以在他们人际网络圈内的其他同事朋友也成为我的观察对象。在媒体人类学的框架指引下，虽然我融入他们的社会文化生活中，但以一种他者的视角与这个生活保持着研究距离。布尔迪厄提出以实践为根据的理论设想，要求从实践的认识出发，进而提高到理论概念，再回到实践中去检验。① 因此，本书尊重研究对象的自主性与策略性，试图回归事实本身分析行动者日常生活的内涵及意义，并通过民族志深描，将纪录片工作者的劳动过程勾连于现代性、全球化、政治经济体系的宏观视角下。

① 黄宗智. 认识中国——走向从实践出发的社会科学［J］. 中国社会科学，2005（1）.

第二章　纪录片的相关概念与历史回溯

在当下的社会生活中，几乎每个人对纪录片都不会陌生。无论是通过电视观看还是走进电影院线，纪录片正逐渐呈现多样化的姿态。它不仅能够让我们开阔视野、获得崭新的生命体验，也可以让我们获得轻松与欢乐。作为重要的影视艺术形态之一，纪录片在社会、文化、经济的发展中发挥着越来越重要的作用，因此我们需要对它进行理性的认识与思考。

第一节　回归纪录片的起源

和其他事物一样，凡是涉及对事物进行界定往往会有不同的方式以及众多的争论。一方面相异的视角决定了不同的风景；另一方面以技术为代表的外在因素不断推动着事物自身的变革，给科学的分类法提出新的挑战。因此，科学地给事物进行界定成为一件很困难的事情。事实的确如此，目前关于纪录片的定义可谓各式各样，更有学者直接言明纪录片定义的不可为。

一、虚构与非虚构的分野

追溯纪录片的历史本源，便要回望电影的发展历程。电影脱胎于照相术的物质现实的复原性，自然以与现实最为接近的记录形态呈现。随着时代的发展与技术的进步，人类逐渐地开始不满足于以记录的方式面对生活而要创造性地再现生活，进而蒙太奇等电影语言诞生了，电影明确了两个阵营的分野——纪实与虚构。从形而上的影视美学，到具体的影片类型，都是沿袭着这样的标准。

故事片是我们对于虚构类型影片的称呼。它取材于生活但是强烈地注入了创作者的希望与理想，经由电影专业化的创作流程（剧本创作、导演表演、服装化妆、道具制景、摄影灯光、音乐音响、后期剪辑等），最终呈现给观众一段梦境。观众愿意花钱走进影院，在黑暗的影院环境中做这段梦，以期带来强烈的身心感受。

纪录片是我们对于非虚构类影片的指称。这类影片最大限度地保留了摄影术的物质现实的复原性，以审慎的态度再现现实世界。纪录片被奉为人类的生存之镜，意指其并非对世界的简单还原而是带着体悟、关照与反思。这也就是一般的非虚构影像与纪录片作品的本质区别了。纪录片这一概念被明确地提出是在约翰·格里尔逊于 1922 年的一段论述。他认为，这类影片记录了当下的生活，在历史的长河中它将会成为珍贵的历史资料，成为后人了解这段历史的宝贵资料。因此，他以英语“documentary”（词根源于法语词汇，本身有文献资料的意思）一词作为对该类影片的指称。以虚构与非虚构的分野为起点，我们不妨从历史与现实的两个维度入手，一步步觅得纪录片的庐山真面目。

二、历史维度的演进

（一）过程与结果的抉择、浪漫与冷峻的权衡

无论是谁谈到纪录片的历史，毫无疑问都会谈到这部公认的首部作品——黑白默片《北方的纳努克》。作者罗伯特·弗拉哈迪也凭借着这部划时代的作品毫无争议地进入世界纪录片名人堂，被后人誉为世界纪录电影之父。这部作品巨大的知名度与影响力，使弗拉哈迪的《摩阿那》《亚兰岛人》《路易斯安那州的故事》等后续作品几乎被人遗忘。

尽管《北方的纳努克》为弗拉哈迪赢得了巨大的荣誉，该片也成为所有纪录片人心中的不朽经典，但是该片背后的拍摄方式也引起不小的争论与非议。弗拉哈迪在过程与结果中选择了后者，在浪漫与冷峻中毫不犹豫地选择了前者。以浪漫的方式来呈现理想的结果，成为弗拉哈迪拍摄《北方的纳努克》的诉求。这些也可以从观众的观影感受中得到印证。即便就当下纪录片的评价标准而言，纪录片《北方的纳努克》远没有想象中的枯燥，反而可以说是具有较强的戏剧性，同时透着浓浓的人文气息。

让我们还原该片中的一些经典段落，同时也是最为人所争议甚至诟病的部分。冰屋起居、冰上捕猎、父子射箭等段落代表着爱斯基摩人独有的生活方式，在观众心中留下了难以磨灭的印象。但是在弗拉哈迪拍摄影片时，爱斯基摩人已经不再以如此传统的方式生活了。为了能够再现这些内容，爱斯基摩人实际上是亲身集体演出了上述的传

统经典。

为了冰屋起居段落，纳努克专门搭建了比通常尺寸更大的冰屋。因为早期电影胶片的感光度很低，为了保证拍摄的画面质量，就需要比较强的光照条件。为此，纳努克甚至去掉了冰屋的一半，使之几乎成为专为拍摄所需而搭建的景片。就是在这样半边露天的条件下，纳努克一家冒着刺骨的低温再现了爱斯基摩人的生活起居，为观众奉献了银幕经典。冰上捕猎与父子射箭同样如此，爱斯基摩人已经放弃了这样的捕猎方式。但是，我们深知弗拉哈迪的用意，冰上捕猎不仅展现了传统捕猎的形态，更强烈地传达出爱斯基摩人与自然的紧密关系，父子射箭既能集中展现了爱斯基摩人的核心生存技能，还能透过父与子的技术传承展现浓浓的人文情感。

弗拉哈迪曾在后续出版的同名著作中如是写道，他们一直向后看放映机的光源，就像看银幕一样，我以为这次放映不会成功。突然一个人大喊："抓住它，抓住它。"他们以为海象真的会跑掉。当时屋子里一片混乱。爱斯基摩人在胶片中看到了自己和同伴的影子，他们开始互相耳语，脸上露出神秘的笑容。忽然之间，他们仿佛理解了我所做的一切。弗拉哈迪为了影片的结果与浪漫将当时已经开始在爱斯基摩人中流行的进口服装、收音机等现代社会元素统统赶出了影片，以艺术家的审美与人文精神还原了爱斯基摩人的传统世界。

（二）电影眼睛与电影真理

电影眼睛的开创者当属狄加·维尔托夫，作为苏联电影导演与电影理论家，苏联纪录电影的奠基人之一，他为纪录片的发展作出了积极的探索。他的电影眼睛观点认为，人的眼睛在观察世界的时候是有局限性的，而摄影机相较于人的眼睛更加完美，要充分使用它来观察和记录现实世界。

维尔托夫的个人经历与当时的历史背景都为其开创电影眼睛提供了环境与契机。1922 年，维尔托夫对虚构的西方故事片很反感，认为它们是生活廉价的替代品，是麻醉人民的鸦片。为此，维尔托夫以“三人委员会”的名义发表宣言并创立《电影真理报》，决定以实验来寻找改变的良方，苏联电影应该记录社会主义现实。而《电影真理报》的名字正是来自列宁创办的《真理报》，这也为电影真理打下基础。在《电影真理报》持续的三年时间里，维尔托夫经常躲在隐蔽的角落，不打扰被拍摄的对象，默默地记录着当时那个充满生机和希望的时代。在这一过程中，摄影机逐渐成为见证与记录时代的眼睛，逐渐地孕育出电影眼睛这一术语。

维尔托夫认为，纪录片工作者应该到生活中去，让摄影机的电影眼睛观察并记录生活中现实的片段，并将这些片段组合成有意义的整体（电影真理）。“在银幕上只反映一些真实的片段和真实的分隔的镜头是不够的。这些画面要在一个主题下贯穿起来，并使其整体也成为真实。”① 从片段的真实到完成全片的真实，不是真实的简单叠加，而是创作者的再呈现。由此，20 世纪 20 年代形成了以维尔托夫《电影真理报》为代表的电影眼睛派。这一时期的代表作品有维尔托夫的《带摄影机的人》、伊文思的《雨》和《桥》、让·维果的《尼斯景象》等。

---

① 埃里克·巴尔诺．世界纪录电影史［M］．张德魁，等译．北京：中国电影出版社，1992：56.

（三）创造性地处理事实

该观点源于英国人约翰·格里尔逊，也是他首先在英语世界提出使用“纪录片”这一词汇。他认为纪录片是一个讲坛，创作者要以一个宣传家的身份来使用它。可见，他明确了纪录片的艺术性，肯定了创造性地处理事实。格里尔逊拍摄的影片《漂网渔船》以捕鱼为题材，是一部具有交响乐式蒙太奇的纪录片作品。通过它可以更加深刻地看到格里尔逊对于创造性地处理事实的理解。纪录片讲什么不讲什么、什么先讲什么后讲、什么详细什么简略，都取决于事实对人们的重要性，同时可以进行戏剧化处理。显然，真实不再是评判一部纪录片的最重要的标准，而是要在此基础上对一些原始的素材进行组织与再组织，经由创造性地剪辑，最终成为较高层次的影片。经由创造性地处理事实，纪录片从记录现实世界达到对于现实的阐释。虽然格里尔逊亲自创作的纪录片不多，但是作为一名电影理论工作者于20世纪30年代领导了英国纪录电影学派，开创了独具特色的纪录片样态。

（四）真实电影与直接电影

20世纪60年代，技术的进步（便携式摄影机的出现和同期录音技术的发展）促进了真实电影与真理电影的兴盛。真实电影为法国发起的根源于纪录片的写实主义电影类型。真实电影的这一词汇源自苏联导演维尔托夫，原意为借由影像获取被掩盖的真实。直接电影产生于美国，主张摄影机永远是旁观者，不干涉、不影响事件的过程；创作者只做静观式的记录；排斥采访、灯光、解说等一切可能破坏生活原生态的主观因素。

二者的区别是真实电影认为事件的真相和意义不会自动呈现，创作者必须经过主动地干预事件从而获得它们。直接电影则认为创作者应该摒弃一切感情色彩与主观企图，以静观的姿态不动声色地记录事件（摄像机如墙上的苍蝇）。换言之，真实电影要将创作者对于真相与意义的寻找在调查的过程展现出来，从而呈现创作者努力探寻的那个意义世界；直接电影则是刻意隐去了摄影机与创作者的存在感，同时尽力淡化前期拍摄与后期剪辑对于事件本原的破坏，最终呈现（相对）真实的世界。

（五）新纪录电影

20 世纪 70 年代，伴随着以数字技术为代表的技术发展，新纪录电影开始以崭新的姿态出现。这些纪录片作品以历史题材为主。历史题材纪录片创作的突出特点是历史画面资料有限甚至缺失，难以还原与复制，并且已经成为该类纪录片创作需要克服的首要问题。正是这样的特点，为新纪录电影提供了空间与可能。为了能够克服上述障碍，新纪录电影不满足于对现存历史物件、遗迹旧址等的拍摄，而是大量地以真人搬演的方式重现历史的场景。换言之，这种创作企图以声画奇观的方式复活逝去的历史。

一定意义上，新纪录电影模糊了虚构这一传统上认为的纪录片与故事片的分野，在技术与商业的氛围中给纪录片的内涵提供了新的空间，也提出了新的挑战。

三、现实维度的关照

在历史的维度下，我们大致梳理了对于纪录片的基本认识，接着便是要在现实的维度中，建构起较为科学的纪录片的定义。这同样需要遵循一定的方法与路径，众采关于纪录片定义的各家学说，经过综合、修正、补充，最终给出符合时代要求与现实语境的纪录片的定义。

法国《电影词典》认为，具有文献资料性质的、以文献资料为基础制作的影片，被称为纪录片。美国《电影术语汇编》认为，纪录片是一种非虚构的影片，包含有说服力的主题，取材于现实生活，并且运用电影语言与手段来增强其观念的表达。美国电影理论家巴尔诺认为，纪录片创作者的工作是通过对自己所发现的事物进行选择和并列来表现自己。荷兰著名纪录片工作者、在中国享有盛誉的伊文思认为，纪录片就是把现在发生的事情记录下来，成为将来的历史。新纪录电影的理论代表威廉姆斯认为，“与其在对纪录电影的真实性抱有理想主义的幻觉和玩世不恭地求助于虚构这两个倾向之间摇摆不定，我们最好还是不要把纪录片定义为真实的本质，而定义为旨在选择相对和偶然的战略”。[①] 法国的电影理论家巴赞认为，一切电影都是记录，如果说纪录片是记录生活，那么故事片就是记录戏剧。

国内的影视理论工作者们也提出了自己的思考。朱羽君认为，“电视纪录片的核心含义应该是要求真实地记录人类的生活，以现实

① 单万里．纪录电影文献［M］．北京：中国广播电视出版社，2001：584.

的原始内容为基本素材结构，虽然它也可以有艺术手法，但语言本体必须保证素材的真实性和编辑的生活自身的逻辑性”。[①] 钟大年认为，“通过非虚构的艺术手法，直接从现实生活中获取图像和音像素材，真实地表达客观事物以及创作者对这一事物的认识与评价的纪实性电视片”。[②] 此外，还有学者从其他的角度提出了自己的观点。例如，吕新雨认为，纪录片是以影像媒介的纪实方式，在多视野的文化价值坐标中寻求立足点，对社会环境、自然环境与人的生存关系进行观察和描述，以实现对人的生存意义的探寻和关怀的文本形式。纪录片是一种人类的生存之镜。[③]

之所以存在如此多的观点与论述，一方面是大家站在不同的立场、从不同的角度看待纪录片，自然会得到不同的结论，即所谓横看成岭侧成峰；另一方面是纪录片本身也在随着时代的发展、技术的进步不断地发生变化，相关理论也就存在着与时俱进的内在诉求。

作为国内纪录片研究领域的权威机构，中国传媒大学中国纪录片研究中心于 2013 年底发布了纪录片的定义，“纪录片是以真实为原则，从社会和自然中获取基本素材，表现作者对事物认知的非虚构活动影像”。这一定义首先明确了纪录片的核心原则与立足点——真实原则。纪录片无论是自身特点的彰显还是价值诉求的实现，都是基于对真实原则的秉持。此外，该定义很审慎地将获取素材的方式表述为从社会和自然中获取基本素材，社会与自然构成了整个世界的两个面，基本素材言明了获取过程可以是直接的，同样可以是非直接的。

---

① 朱羽君．现代电视纪实［M］．北京：北京广播学院出版社，1998：108.

② 钟大年．纪录片创作论纲［M］．北京：北京广播学院出版社，1997：33.

③ 吕新雨．中国纪录片：观念与价值［J］．现代传播，1997（3）.

在当下纪录片的现实语境中，大量真人搬演的手法的使用与动画纪录片等类型的发展使纪录片从社会与自然间接地获取素材的方式获得认可。最后，该定义将落脚点放在了表现作者对事物认知上。纪录片只具有之前的那些属性还是不够的，还需要体现出创作者对于社会、自然的认知与思考，由感性到达理性，由表象触及真理。总体而言，该定义简洁、准确，能够切中纪录片的本质，具有较高的包容度与时代性。当然这并不是一劳永逸、一成不变的。在未来的历史长河中，纪录片的理论与纪录片本身还会继续不断地发生共振、发展与变化。

第二节　纪录片的真实

一谈到纪录片，人们往往会对其形成截然对立的两种态度。一种态度认为纪录片具有较高的视听质量，承载着文化的价值与思考的重量；另一种态度当然也无可回避，他们认为纪录片枯燥艰涩，缺乏可视可听可感的特性。基于这些认识，无论人们因纪录片深沉厚重而对其敬而远之还是因纪录片的枯燥乏味而对其避而远之，都将是纪录片的大不幸。就目前的纪录片市场而言，无论电视领域还是电影院线都只能说差强人意，与大行其道的娱乐之风很难分庭抗礼。可见，对于纪录片的特征与价值的厘清很有理论与现实意义。

一、关于真实

无论从纪录片的定义入手，还是从纪录片作品的形态来看，真实无疑是纪录片最基本、最核心的特征。虽然纪录片与真实的相关解读已然汗牛充栋，但还是有必要再进行一番梳理与厘清。

（一）观众心中的真实

观众在观看视频内容的时候，常常会把真实挂在嘴边，成为他们评头论足的标准之一。在看电影故事片与电视剧等作品时，观众会给出“这个剧情节很真实”诸如此类的评价。同时，观众在观看纪录片时同样会说出类似的话。虚构类作品（电影故事片、电视剧等）与非虚构类作品（纪录片）为何都会以真实作为评价标准之一？此真实与彼真实的意义是否相同呢？

电影故事片、电视剧等虚构类作品，虽然故事、人物、情节等完全是设计出来的，但是创作原型的意义就在于对上述这些内容的规范与指导。在众多原型的基础上，最终呈现浓缩、精练、重构之后的银幕故事。例如在虚构类作品中，创作者往往将生活中无数人物原型身上的特性集中于剧中的一个主要人物，这才成功地塑造出为广大观众所喜爱的国民媳妇等剧作形象。这样的方式在文学创作中更是成熟与普遍，鲁迅在谈起自己的创作时认为，笔下的人物往往是嘴在浙江、脸在北京、衣服在山西，是一个拼凑起来的角色。这种创作方式，深刻地揭示出虚构类影视作品与生活的关系，即以生活的逻辑，借由艺术的假定性，给观众创造具有真实感的屏幕时空。法国戏剧理论家萨赛认为，戏剧是借助一系列约定俗成的东西给观众创造真实的幻觉。这些约定俗成的东西，其实就是生活的内在逻辑。可见，观众在观看这些作品时报以真实的评价，其意义是肯定了虚构作品本身与生活内在逻辑性的统一。

与之不同的是，虽然观众在观看纪录片时同样会给予作品真实的评价，其含义却大相径庭。德国电影理论家克拉考尔认为，纪录片都假定忠于事实的……凡是能震撼人心的纪录片，其成功原因部分在于观众深信现场拍摄的影片是不能弄虚作假的。显然，观众此时的真实评价与前述观看电影故事片、电视剧时不同。此真实与彼真实的最大区别在于，观众对于纪录片的期许不仅是与生活内在逻辑的一致，更要求二者直接的对应。换言之，纪录片在观众心中具有与生活本身直接对应的假定性。

（二）纪录片的真实——发展与超越

人类对于真实的理解与追求从未停歇。法国电影理论家巴赞认为，摄影的美学特征在于它能揭示真实……摄影机摆脱了陈旧的偏见，清除了我们感觉在客体上的精神锈斑，唯有这种冷漠旁观的镜头能够还世界以纯真的面貌，吸引我的注意，从而激起我的眷恋。对纪录片的真实的探寻，本质上是纪录片对于真实的发展与超越。总体而言，纪录片的真实分为三个层次：具体真实、总体真实与意义真实。

纪录片的具体真实是最基础的层次，是建立在摄影术的物质现实复原属性基础上的，体现为影像与现实被摄客体的简单对应。今天的人们可以通过纪录片作品去触摸历史，凭借的就是纪录片经由具体真实所反映的史实。但是在一定意义上，具体真实片面强调了摄影的物质属性，忽视甚至排斥创作者的主观介入与能动性。

纪录片与现实世界之间的界限是终究无法消除的，本质上是对现实世界时间与空间的重构。毫无疑问，现实世界的时间与空间都是无限的，而纪录片呈现的世界却是相对有限的。尽管摄影机可以准确的还原，但是拍摄对象的选取、拍摄的角度与时间等都无法回避创作者的主观存在。显然，纪录片是创作者对于现实世界的观察与选择后的呈现。从这个意义上说，纪录片是创作者主体下的真实，是主观与客观的博弈与平衡的结果。纪录片的总体真实是指创作者能够通过对现实世界的观察与选择，通过视听语言呈现现实世界的内在逻辑。

纪录片能够与一般非虚构影像相区别，能够在形式众多的影视艺术中得以独立存在与发展，原因在于纪录片不仅仅是对现实世界的记载与还原，更有着对现实世界的剖析与反思。对于现实世界的剖析与反思，便达到了纪录片真实的最高层次——意义真实。现实世界的内在机制深藏于外在表象之中，简单的观察是无法触及实质的，真实的背后实则存在着更有质感、更加重要的东西。就这个层面而言，纪录片不仅仅是为了追求真实，更是为了超越真实。纪录片通过对于现实世界的剖析与反思，实现对于真实的超越，最终反映出现实世界的内在机制与本质内涵。也可以说，纪录片不在于呈现一个世界，而在于发现一个世界。

二、纪录片的价值

纪录片由于自身的突出特点，往往被人们划入高端行列，甚至被冠以国家相册之类的称呼。与其他影视艺术类型相比，纪录片承载着重要的价值：文献价值、审美价值与社会影响力。

（一）纪录片的文献价值

文献，一般认为是通过一定的方法与手段，运用独特的表意系统记录于一定载体的具有历史与研究价值的知识。从纪录片的定义到它的特点，真实无疑是最核心的概念之一，也集中体现了其文献价值。格里尔逊更是将纪录片定义为具有文献价值的影片。早期，从结绳记事到甲骨铭文，人类已经开始了对历史的记录。这些都成为后世进行历史研究的宝贵的资料，为人类文明的传承与发展作出了巨大贡献。随着社会的发展与技术的进步，影视成为无可争议的视听艺术，能够给观众带来全方位的感知。无疑，纪录片是其中最有能力承载起文献价值的类型。试想，一部纪录片作品能够真实地、具有质感地折射一个时代的特征与风貌，对于后世的历史研究将是多么珍贵的文献资料。例如，重大历史题材纪录片，以目击的方式记录现场最为鲜活的场景，这些素材将会随着岁月的流逝因其文献价值而愈加珍贵。我国的中央新闻纪录电影制片厂（现为新影集团），用一帧帧纪实镜头定格了共和国的进程。有报道称，新影集团目前拥有 42 万分钟长度的纪录电影资料，俨然成为研究共和国历史的影像档案馆。同时这些已经成为新影集团的战略资源，具有很高的市场价值。

（二）纪录片的审美价值

作为影视艺术的类型之一，纪录片应该具有审美价值。审美作为人类较高的精神活动，是人类认识世界的一种特殊形式，是人与社会、自然形成的一种无功利的、形象的与情感的关系状态。德国电影理论家克劳斯·克莱梅尔认为，纪录片的质量取决于美学的质量。纪录片需要把多元的文化融入创作中，需要以美学的精神关照创作。纪录片能够反映现实世界的质感、肌理、纹路，具有真实之美。纪录片能够透过现实生活的点滴发现深层的逻辑与本质，具有发现之美。纪录片中透着创作者的真情实感与人文关怀，具有情感美。在影视艺术的多种形态中，纪录片在审美价值上具有巨大的开掘潜力，具有超越民族、地域、国家的能力。从世界文化交流的角度而言，纪录片无疑是很好的载体，它能够让全世界的人们分享彼此的文化成果。从国际传播角度而言，纪录片同样是很好的工具，它能够以隐性的方式将意识形态传递出去。

（三）纪录片的社会影响力

社会影响力也是纪录片重要的价值之一。对整个社会而言，纪录片是影视艺术的一个类型，也是社会文化形态的一部分。社会的发展是一个复杂的过程，是政治、经济、文化、社会等因素合力的结果。在这个过程中，纪录片不仅是一个旁观者记录历史，更要深度参与到社会热点中推动社会发展。我国的一些经典纪录片作品如《望长城》《话说长江》《话说运河》等，在当时的历史条件下不仅引发了收视的热潮，更是在整个社会层面触发了讨论与反思，几乎影响了整个社会的思潮。此外，还有一些纪录片作品如《八廓南街 16 号》等更是直指社会的热点与局部，直接参与到社会的发展进程中。

第三节　纪录片的类型观念思辨

目前，纪录片已经进入多元化发展的阶段，无论题材还是风格样式均繁荣多样。整体上对纪录片进行认识与研究，分类是必经的道路。一谈分类，自然就涉及标准的问题。因为分类永远是相对的，标准的不同便会带来结果的变化。《简明不列颠百科全书》将“类型”定义为一种分组归类方法的体系，通常称为类型。类型的各成分是用假设个别属性来识别的，这些属性彼此之间互相排斥，而结合起来却又包罗无遗，这种分组归类方法因在各现象之间建立有限关系而有助于论证和探索。

与纪录片的定义一样，很多前人学者作出积极的尝试，给出分类的标准与方法。但是任何一种分类方法都存在着明显的局限，一些纪录片不是存在类型交叉，就是无法归入任何一类。本书将在列举最具代表性的分类方法的基础上，提出关于纪录片类型的思考。

一、纪录片的嗓音与六种模式

美国纪录片学者比尔·尼可尔斯在《纪录片导论》中提出按照纪录片的嗓音（表达方式）来进行类型划分，可分为诗歌模式（poetic）、阐释模式（expository）、参与模式（participatory）、观察模式（observational）、反身模式（reflexive）、陈述行为模式（performative）六种类型。①

（一）诗歌模式纪录片

它舍弃了电影的连续性剪辑传统与先后场景与场景之间明确的时空感觉，转而探索综合时间节奏和空间布置的关联与形态。诗歌模式尤其擅长利用各种可供选择的认知方式，包括直接转述相关知识、提

① 比尔·尼可尔斯. 纪录片导论［M］. 陈犀禾，译. 北京：中国电影出版社，2007：114.

出独到的论点和观点，或对需要解决的问题给出合理的建议。它还注重表达情绪、营造气氛和抒发感情，而不只是展现认知的方式或说服的行为。

（二）阐释模式纪录片

它将现实世界的片段结合起来，组成一个更具修辞性或者论辩性的结构，而不是突出其中的美学或诗意色彩。阐释模式直接向观众进行表达，通过字幕或旁白提出观点、展开论述或叙述历史。阐释模式影片或使用“上帝之声”的解说词（闻其声、不见人），或者使用“权威之声”（闻其声、见其人）的解说词。其剪辑主要作用是让影片对于论点的阐释保持连贯，这种方式也被称为证据式剪辑。

（三）参与模式纪录片

它来源于社会科学的田野调查的研究方法。纪录片制作者进入某个地区，需要与当地人共同生活，讲述或再现他们的经历。参与模式纪录片使观众感觉到制作者在特定情景中的存在，而且还展现出该情景在制作者的影响下如何发生了改变。

（四）观察模式纪录片

它得益于摄影技术的发展，出现了可以很方便地由单人进行操作的各种摄影机。此时，人声便可以和画面同步录制，无须再使用原先笨重的设备和把摄影机和录音机连接在一起的电缆。摄影机和录像机可以在一个场景中自由移动，实时地记录所发生的一切。创作者放弃了可能采用的所有用于操控的手段，如对现场的搬演、场面调度、制景和构图等，在拍摄过程和后期剪辑中均提倡观察精神，最终呈现的是没有画外音解说词、没有增补音乐音效、没有插入字幕、没有真人搬演、没有组织拍摄，甚至连一点采访内容都没有的影片。我们在观影的过程中审视着真实的生活。社会演员之间进行着交流互动，完全不顾旁边的影片创作者。他们总是陷入自身生活的重压和危机之中，必须集中精力应付，无暇顾及创作者的存在。我们在自我观察或倾听的基础上，对人物的行为进行推断并得出结论。制作者退到了观察者的位置，要求观众以更积极的态度对人物言行的意义作出判断。

（五）反身模式纪录片

它是所有表现模式中自我意识最强，自省程度最高的类型。反身模式纪录片重新调整受众的设想和期待，而不是在现有的基础上增加新的知识，重新审视认知方式的假定性，从而让观众建立新的期待。

（六）陈述行为模式纪录片

经验与记忆、感情状态、价值观与信仰、承诺以及原则，全部进入我们对这个世界的理解过程，影响我们对于纪录片所表现的社会现象的理解（包括构成一个社会的制度与机构和特定的社会习俗）。陈述行为模式纪录片通过突出主观和感情因素，强调了我们对于这个世界的认知的复杂性。

二、纪录片的题材标准划分

根据国际通行惯例依照题材，纪录片可分为社会人文类与自然科技类。

（一）社会人文类纪录片

社会人文类纪录片主要包括新闻类纪录片、历史类纪录片、人类学纪录片、社会现实类纪录片等。新闻类纪录片兼具新闻与纪录片二者的属性，既强调选题的新闻价值、时效性等，也强调事件及人物的深度与过程。历史纪录片主要是通过对历史遗迹、遗址、相关事物等的考证，用影像的方式讲述历史故事，探求历史真相。人类学纪录片是人类学研究与影像艺术的结合。本质上，人类学纪录片是使用影像来进行人类学研究的一种方式。社会现实类纪录片以现实社会中的普通人和事为拍摄对象，反映人们的情感与生存现状，折射整个社会的变迁。

（二）自然科技类纪录片

自然科技类纪录片主要以自然奇观、科学奥秘等为表现对象。因此，这类纪录片作品对于技术和财力的要求比较高。我们非常熟悉的美国国家地理频道、美国探索发现频道和英国广播公司等都是自然科技类纪录片的主要生产者。

三、其他划分方法及类型思考

（一）纪录片的其他划分方法

除了上述提及的，还有一些纪录片的类型划分方法。按照题材及篇幅，纪录片可以分为长纪录片、系列纪录片、短纪录片、微纪录片等。按照生产方式，纪录片可以分为媒体纪录片、独立纪录片等。诸如此类的纪录片类型划分方式还有很多，不再赘述。

（二）关于类型的思考

纪录片的类型划分不仅影响学术研究的开展，还关系到我国纪录片的产业发展。可以说，类型化是我国纪录片历史发展的必然。

首先，它与社会多元化的价值诉求相契合。毫无疑问，文化产品一定是与那个时代的大众精神需求在总体上相适应的。二者的关系不是亦步亦趋，而是保持着动态的平衡，它们呈现互构的关系，时代创造了文化，文化重塑了时代。以唯物辩证哲学为逻辑起点，经济基础决定上层建筑，一定的生产关系、生活境遇，往往决定了整个社会的价值与精神诉求。在计划经济时代，人们的精神境遇相对简单划一，人与人之间的差别更多地呈现了符号化特征，职业仅意味着社会分工的差异。在这样的语境下，考察当时的国产纪录片作品，比较容易用某个词汇来概括它们的整体特征。换言之，正是这些作品自身具有某种内在的统一性，为这样的概括提供了可能。

随着经济体制改革与市场化的全面发展，我国社会呈现显著的阶层化的特征。阶层是除了传统的职业划分，出现的划分群体的新维度，由此带来人们价值观、审美趣味的阶层化与多元化。倘若试图再次寻找某个词汇概括我国当前纪录片的整体特征，也许多元化才能充分地反映其巨大的差异。可以说，人们的价值观和审美趣味的多元化成为纪录片类型化的直接动力。随着差异化的价值观和审美趣味在纪录片领域寻找自己的代言人，展现其对世界的经验与想象，纪录片便类型化了。可见，对于我国纪录片的类型研究正当其时。

其次，它是我国纪录片产业发展的必由之路。纪录片属于文化产业的一部分，符合文化产业化的整体架构与特征描述，因此有必要对其进行理论阐释与厘清，明确纪录片产业发展的内涵与外延。这不仅是一个形而上的，更是一个关涉实践的话题。联合国教科文组织对文化产业化的整体特征概括为以下三点：第一，按照工业化的标准生产；第二，产品经由市场进行营销；第三，大众是文化产品的消费者。工业化的标准显然对于个人化的艺术创作具有一定的排斥性；销售途径强调了文化产品的市场导向；消费对象指明了大众消费属性。

标准、市场、消费是文化产业最显著的三个特征。显然，标准与类型有着天然的、直接的联系，标准的建立要以类型的划分为前提。市场、消费也与类型有着内在的、有机的联系，产品需要通过类型化实现与目标消费者相匹配。纪录片若要实现工业化的生产，首先需要通过类型化建立起产品体系，纪录片被分为若干个类型，不同的类型具有明确的定义与概念，并且拥有兼具内外的质量规范、评价标准等完整体系。在该类型体系下，纪录片创作机构可以有计划地进行生产，并且产品的质量是稳定的、可控的，同时目标消费者也是比较明确的，他们可以根据自己的需求，依据这套系统准确地选择某些类型的纪录片产品。换言之，在这套类型体系下，纪录片的创作者与消费者能够建立起成熟与稳定的默契与共识。

类型概念在我国当下的纪录片现实语境中出现，不啻热油中的水滴，纵使表面风平浪静，在创作与研究中仍然貌合神离者居多。因为在相当长的时期内，文化理所当然地被视为事业，既不需要建立整齐划一的标准，也不必考虑大众的需求，纪录片便理所当然地成为传承文化、引导舆论、教化民众的布道者，并且早已深植于人们的内心。

显然，这与我国文化产业的发展愿景是相悖的，要实现我国纪录片产业繁荣发展，上述观念的转变具有深远的意义与影响。

类型概念的引入与发展，对于我国纪录片产业发展的积极意义是多方面的。第一，纪录片媒介产品属性强化，受众的需求得到充分的尊重。以市场为导向、以观众的需求为目标，本质上是将对市场的考量前置于创作阶段，这与媒体行业的受众意识相契合，类型的背后是对观众的价值与审美多元化的深入解读与研判。创作者与观众的关系增加了生产者与消费者的新维度，毫无疑问更能保证纪录片的良好收视与市场反馈。第二，类型的发展与成熟能够整体提升我国纪录片的制作水平。完整的类型系统的建立，可以为不同类型纪录片的创作建立标准，既包括画面、剪辑、节奏、解说等创作层面，也包括价值诉求、审美取向等文化层面，纪录片创作者不再是无章可循的手工业者，而是手握蓝图的产业工人。这里无意贬斥个人的创作成分，只是在强调类型对于纪录片按照工业化的标准生产的影响。在完整的类型系统下，优秀纪录片作品的示范价值得以传承，优良基因得以延续。第三，我国纪录片的类型化发展能够保护曲高和寡的小众作品，营造良好的纪录片生态。类型化绝不意味着单纯地、完全地以市场和商业价值为导向，还包含着对少数者的区别对待与特殊保护。从这个意义而言，它是对文化产业化排斥个人艺术创作的一种修正。在诸多纪录片样态与形式中，经年累月的跟拍、厚重宏大的叙事、独特晦涩的艺术表达等，相对而言是较难适应市场规则与普通观众的评价体系的。类型体系会对这些纪录片样态加以界定，并与那些追逐市场价值与普遍收视的类型相区别，更能为它们建立截然不同的评价体系。换言之，我国纪录片的类型体系建构，既促进了机器大工业生产的发展，也对有价值的手工作坊生产进行了保护。让优秀的纪录片经典传世，让成熟的纪录片产品逐利，这对于广大受众和产业发展，乃至纪录片的整体生态而言，无疑都是大有裨益的。

第四节 中国纪录片的历史时空

自1958年，中国纪录片伴随中国电视业的诞生开始起步，成为中国现当代历史与时代变迁的见证者。根据不同时期纪录片所呈现的特点，我们把中国纪录片从诞生到现在的半个多世纪的发展历程，分为四个时期：政治化纪录片时期、人文化纪录片时期、平民化纪录片时期、社会化纪录片时期。通过梳理不同时期中国电视纪录片的产生背景、基本特征、创作观念等，明晰中国纪录片从草创到成熟阶段的历史脉络。

一、政治化纪录片时期

从1958年到1977年，是中国电视纪录片的起步时期，这一时期的电视纪录片从题材到形式尚处于模糊的状态。在制作上它移植了纪录影片的手法；在题材上，它跟电视新闻报道没有太大差别。由于当时国内电视媒介的普及度有限和特殊的政治环境，它更多地承担起政治宣传的历史角色。作为一个初生儿，它以其自身的纪实基因记录了许多同样作为新生儿的中国的历史影像，在文化和政治领域为自己争得了一席之地。

（一）宣传报道型的新闻纪录片成为主要类型

1958 年，中国第一家电视台——北京电视台诞生，宣告了中国电视业的起步。一方面是当时的国际政治和“大跃进”因素起了催化作用，同时也跟电视作为新兴媒体，有着巨大的宣传能力有关。早在“二战”时期，电视上播放的一些新闻和纪录片，其宣传鼓动的功能已非广播报纸所能企及。

这一时期的电视新闻和纪录片之间的界限比较模糊，在拍摄手法和节目形态上基本没什么分别，只有长短之分。因此，一些重要的、需要多点篇幅的题材，就自然成了纪录片。当时，北京台的新闻片和纪录片的摄制人员大多是从两个电影制片厂（中央新闻纪录电影制片厂、八一电影制片厂）调入的，他们曾创下“八短两长”的惊人纪录，其中“两长”就是纪录片。1958 年 5 月 1 日 19：00，北京电视台试播，这一天的节目除了新闻报道外，在 19：15 播出了由中央新闻纪录电影制片厂摄制的第一部纪录影片《到农村去》，片长十分钟，反映干部下放劳动。

这一时期的纪录片主要以报道社会主义建设成就为主，此外记录党和国家领导人的外事活动也成为当时纪录片的重要任务。这主要是出于宣传的需要，由于国内电视终端的匮乏，这一时期的宣传还主要针对国外。在受到西方资本主义国家对社会主义阵营包围封锁的情况下，纪录影片作为“装在盒子里的大使”，成为打开封闭之墙，让国外了解中国，宣传社会主义优越性的重要工具。当时的资本主义国家也想了解中国，而纪录片应该是最直接可靠的，这也是在那样的国际环境下，日本、英国等国家还保持着与中国的电视台建立定期交换专题纪录片节目机制的一个重要原因。

这一时期的新闻和纪录片产量很高，在电视片中的比例也高，因此被称为新闻纪录片时代。这一时期在北京电视台播出的纪录影片近500部（集），且多由中央新闻纪录电影制片厂摄制。

（二）政治化主导与国家话语权

“电影单位是国家地位的反映，同时也是国家成就的记录者。”① 电视台也是如此，电视台的建立是一种国家行为，电视节目的播出自然也是国家政治的一种反映。这种功能性的基调一直影响着我国早期电视节目的形态和风格，电视中播出的纪录片也一样。除了新中国成立初期全国性电视网络没有建立、电视终端匮乏等客观元素外，当时党和政府也把电视当做国际政治斗争的有效工具，因此把工作重点放在了对外宣传上，以此作为打开资本主义国家对中国新闻封锁的突破口。在那个时期，当时的资本主义阵营的国家曾一度对中国实施封锁政策，交往甚少。因此电视新闻和纪录片，这种能够直接向世界展示中国政府政策和国家建设成就的直观媒介，成为一种打破封锁让世界听到中国声音的有效工具。电视新闻和纪录片，成为那个时期宣传国家形象，反对“修正主义”的有效工具。

在当时，中国的纪录片节目不仅被送到苏联、东德这些社会主义国家，还通过一些资本主义国家的新闻通讯社输送到欧美和日本。在当时北京电视台和日本点播新闻社签订的节目交换协议中，曾这样写道：双方互相交换的电视影片，应以最迅速和准确的输送方式供给对

---

① 埃里克·巴尔诺. 世界纪录电影史［M］. 张德魁，等译. 北京：中国电影出版社，1992：200.

方。这足可见双方对于纪录片节目交换行为的重视。

据统计，1960年中国只向7个国家输送电视新闻纪录片61条，到了1965年，中国已经与27个国家的电视机构建立了节目交换关系，仅北京电视台当年就往30个国家寄送新闻纪录片473条。到了1975年，寄送的国家增至83个①。

（三）集体主义和责任意识放大，主体意识缺失

在集体主义和国家利益的观念占据绝对主导地位的那个年代，人们总是处于一种无我、忘我的状态。在当时社会主义建设如火如荼，“赶英超美”的仓促步伐下，甘当社会主义生产大机器上的一颗螺丝钉的普通民众显得些许渺小。当时的纪录片大多肩负着政治使命和国家利益，代表着国家声音，因此对个体普通民众的关注相对较少。政治化时期的纪录片大多以仰角的姿态观瞻社会主义建设，忽略了去平视关照普通老百姓个体。

对于电视纪录片的工作者来说，由于肩负着巨大的政治任务，一种强大的责任感更是让他们自觉地把个人的观念置于脑后。那时候的纪录片工作者把目光重点聚焦在“宣传的口径”，其工作性质不允许他们带有个人主观化的创作行为，导致他们个体主体意识的缺失，并最终影响到创造力的发挥。因此，那时候的纪录片大多是在一种既定的模式和套路中，按部就班地完成规定动作，以达成政治宣传人物的目的。

由于电视新闻和纪录片在宣传教育方面的特殊地位，中央领导人

① 何苏六．中国电视纪录片史论［M］．北京：中国传媒大学出版社，2005：11.

也非常重视，相关部门负责人更是成为政治上的把关人。当时由中央广播事业局、电视台以及电视台新闻部三级领导共同预审将要播出的电视新闻纪录片的“三堂会审”制度，被认为是安全播出的保障体系，多年来一直沿袭。这种安全第一的思想体系，很大程度上变成当时新闻纪录片人的一种政治自律，同时也制约了其主观创造力的发挥。

（四）题材集中雷同，风格单一老套，说教严重

政治化时期的电视纪录片题材，主要是政治及外事活动报道、建设成就展示、工作经验介绍、英雄任务宣传等几个方面，不仅集中，而且雷同。这主要是由这一时期纪录片的社会功能和政治功能决定的。作为直观化的宣传和教育工具和形象化的政论，纪录片成为宣传党的政策方针、推广工农生产经验、展现工农先进事迹的一个便捷途径。

正是这种宣教味重，形式单一的题材局限，导致大多影片内容乏味，这一时期的纪录片风格也比较单一、老套，有很多程式框框，显得呆板，缺乏灵活性和多样性。

从语态上来说，这一时期的纪录片大多是一种单向的灌输和宣教，声画分离是这一时期的重要特点。我说你听，我播你看，是一种自上而下的姿态。而没有在意观众需要看什么内容、喜欢看什么形式。

这种姿态沿袭了曾产生重大影响的格里尔逊式的纪录片的做法。那种带有很浓的宣传味道的形象化争论纪录片，是非常时期鼓动性的宣传片，就如子弹正中靶子一样，把宣传信息投向民众，起到宣教鼓

动的作用。中国电视诞生的1958年正是“大跃进”的开始，各行各业都被一种“鼓足干劲，力争上游，多快好省地建设社会主义”的狂热情绪和口号所激励，卷入一场非现实的竞争中。不真实的情境让人们找不到是非标准，混乱的状态让社会失去了最基本的理性。作为记录反映社会的纪录片，在这种情形下也不可避免地卷入这股澎湃的潮流中，作为一种宣传鼓吹的工具。

当时浮夸、作假问题严重，以致在1961年中共中央宣传部不得不发出指示加以明令禁止：“新闻纪录片一定要严格遵守完全真实、完全是真人真事的原则。”作为对浮躁心态、说教造假等系列问题的纠正，当时的文化部部长夏衍也提出了纪录片的采访和摄影应当做到“挑、等、抢”，以便在事情发生的现场拍摄到真实素材。这在一定程度上扭转了新闻纪录片的创作误区。

二、人文化纪录片时期

历史的轨迹进入1978年，“四人帮”被打倒后，改革的春风正唤醒在“大跃进”“文革”中迷失的国家和民族，也包括电视荧屏。这一时期的纪录片逐渐改变了以往的面貌，宣传味道开始淡化，人文色彩增加，变得更加感性和富有人情味，可看性也更强。加上频道资源的稀缺和其他类型电视节目的欠缺，使纪录片在这一时期大放异彩，取得了中国电视纪录片历史上空前绝后的收视率和影响力。

（一）历史原动力：1978年

20世纪70年代末是一个巨变的时期，社会形态、经济形态以及人们的思想观念都处于拨乱反正、正本清源的激烈变动。1976 年，“四人帮”被打倒，全国人民为之欢欣鼓舞，但随后“两个凡是”的提出又成为套在当时正在觉醒的中国头上的一把纸枷锁，束缚着中国正欲前进的步伐。

1978 年 5 月 1 日，《光明日报》以特约评论员的名义在头版刊发《实践是检验真理的唯一标准》的文章。文章强调，检验真理的标准只有一个，就是千百万人民的社会实践。这篇文章直指“两个凡是”，在当时如一声惊雷，在社会上引起了强烈反响，并引发了一场全民参与的关于真理标准问题的大讨论。

1978 年 12 月 8 日至 22 日，党的十一届三中全会召开。全会纠正了“两个凡是”的错误方针，果断停用“以阶级斗争为纲”的口号，并作出实行改革开放的决策。纪录片作为时代和社会的晴雨表，不仅记录着时代变化，同时也被时代所用。前一时期作为阶级斗争工具的纪录片，思想僵化、形式单调，没有什么美感，也缺少直接记录社会的基本功能。改革开放的政策，使中国电视纪录片摆脱原来单纯的政治附属品的状况成为可能，并出现了人文化色彩。

（二）电视媒介的大众化

1978 年 5 月 1 日，北京电视台正式更名为中央电视台。一年以后，北京市开办北京电视台，成为一个地方性电视台。至此，全国的省级电视台全部成立。而在早前的 1976 年，一个全国性的广播电视网络已经初步建成，全国电视微波传输网络的形成让纪录片大众化传播有了硬件基础。

改革开放后，随着生产力的解放，人民生活水平提高，电视机的生产能力和消费能力都获得大幅度提升。电视已经由原来的奢侈品逐渐变成普通的生活消费品，电视热在全国开始蔓延。与此同时，电视节目的播出也越来越规范，规定时长、规定时间的栏目化设置，逐步使大众形成了收视习惯。有了栏目之后，纪录片制作者与观众之间的关系发生了决定性的变化，纪录片再也不是以神出鬼没、时有时无的作品形式出现，而是在栏目中以事先预告的形式播出，这强化了电视节目与观众之间的约会意识。

电视传播的规范化，收视大众化、日常化，使节目的影响力自然得到提升，好的电视节目会成为第二天人们见面时的谈资，久而久之，人们对于电视的依赖感产生，电视开始慢慢成为真正的大众媒介。

电视的大众媒介特质使纪录片的影响力也随之扩大，这在一定意义上促进了纪录片工作者对于创作的自我改进和质量上的更高要求，与此同时，纪录片的话语方式已逐渐淡去以往的灌输宣教方式，而是以更尊重观众，语态更亲切平和的形式跟观众交流。像后来产生巨大社会影响力的《话说长江》《话说运河》等片子，更是采用了边制边播出的方式，征集观众意见，让观众参与，这种创作理念给纪录片创作带来一股清新之气。

（三）百废待兴之际，呼唤民族精神

当时的中国正处于百废待兴的时机，除了政策上的改革开放，同时需要一种精神力量来网聚人心，因此，在这一时期，一批优秀的以民族精神为主题的一系列大型纪录片开始出现，代表性的有《话说长江》《话说运河》等。两部作品的总编导戴维宇在回忆两部片子的创

作时曾说："如果说，我们在涉足于长江的时候，注意力还集中于祖国山河的风貌，那么我们在选择运河这一题材时，总希望通过电视节目去追溯我们民族的悠久历史，旨在表达中华民族创造东方文明的艰苦过程，《话说运河》凝聚了中华民族的智慧、人情味和乡土气。"①

这一时期，纪录片人对题材重心从政治转向个人似乎还没有完全适应，常常依托于长江、长城、黄河、运河等民族载体，运用个体来诠释和构建这些载体所承载的民族精神，借以思索中华民族的未来之路。真正地表现个体、关注个体，还是在下一个时期。

（四）民族精神成为主题表征

与前一个时期纪录片中弥漫的国家意识和阶级意识，强调政治宣传和思想教育不同，在这一时期的纪录片中，人的意识开始觉醒。但这时候的人还不是作为一个完整独立的个体存在，而是经常伴随着群体或民族而出现，但人文化意识已明显增强，电视纪录片的功能也从单纯的政治宣传工具，变成富有人文色彩的一种集体审美和情感抒发。

在百废待兴的历史时期，整个社会需要一种共同的精神力量凝聚起来，恢复自信，重建家园。当时的纪录片工作者也很好地迎合了时代需要，把握住了弘扬民族精神这一时代脉搏，创作了一大批反思历史、面向未来的以民族文化为题材的大型系列纪录片，唤醒了大众的民族热情，激发了民众对未来的信心和家国情怀。

这一时期的电视纪录片包括《丝绸之路》《话说长江》《话说运

---

① 朱羽君，殷乐．生活的重构——新时期电视纪实语言［M］．北京：北京广播学院出版社，1998：69.

河》《唐蕃古道》《让历史告诉未来》《黄河》《河殇》《望长城》等。

从纪录片的名称来看，这一时期的纪录片作品多数题材宏大、主题厚重。它们大多选择中华民族精神的共同承载符号，或以孕育中华民族文明的长江、黄河等自然母体为对象，或以承载民族千年文明的长城、运河、丝路、古道等人文载体为依托，回望来时路，对中华民族的历史文化、民族符号中承载的精神基因给予深度关照和洞悉。

（五）群体创作与群体化话语

人文化时期的纪录片多数题材宏大，以大型的系列片为主，由于篇幅和制作规模的庞大，创作者往往是一个群体，他们彼此分工协作，共同完成一部纪录片的创作。

与在政治化的国家话语权时期，创作者基本上没有自由的创作空间情形相比，这一时期的电视纪录片创作者开始成为真正的创作者，有了融入自己思想、表达自己观念的空间。不过，这一时期的这些行为基本上是一种群体共同行为，他们有共同的责任意识，借助民族图腾符号表达对中国文化和中华民族的反思与民族精神的弘扬，他们表达的是一个群体乃至一个时代的呼声。

群体创作在这一时期成为一种流行的创作模式，主要由大型的题材决定，也是纪录片制作规范化后需要多方合作的必然结果，更是纪录片创作者从前一时期缺乏基本创作空间，而在这一阶段想象力、创作激情获得空前碰撞和释放的绝佳机制。这一阶段的群体创作模式形成的共同探索、共同创新、不断超越的氛围，留下很多有用经验，也创作出许多内容清新、形式多样的纪录片形态。像《话说长江》中主持人的设置和章回体结构；《话说运河》的一边制作一边播出，把观众的想法揉进节目当中的开放思路，都是那一时期群体智慧与群体探索的结果。

（六）告别单一，题材形式多样化

人文化纪录片时期也是中国电视纪录片开始拓展样式和风格的时期。由于这一时期纪录片的政治宣传功能淡化，意识形态也被边缘化，纪录片的题材也多涉及一些“文革”时期不敢提及的“中性”“软性”题材，创作者有了属于自己的话语权。ENG 等技术的使用，不但使电视纪录片的制作成本大大降低，而且从语言上开始摆脱对电影长期以来的依赖。所有的一切，都给纪录片创作者提供了一个探索纪录片新样式的平台。因此，这一时期电视纪录片开始呈现多样化的样式和风格，是历史的必然选择。

这一时期新出现的电视纪录片样式有中央电视台配合中国登山队制作的科学探索片《攀登珠穆朗玛峰》（1978 年）；中央电视台电视报告文学《雕塑家刘焕章》（1983 年）；中央电视台宣传改革开放的政论片《迎接挑战》（1986 年）；中央电视台纪念中国人民解放军建军六十周年的献礼片、电视报告文学《让历史告诉未来》（1987 年）等；涵盖时政纪录片、散文体、报告文学、调查报告、抒情诗、音画诗等。

虽然这一时期的纪录片出现了不同形式，但仍摆脱不了依靠语言来结构支撑片子的模式。这一时期的话语更加亲切和人性化，或靠大批量的被采访人说话，或通过背景解说词、主持人说话，这也是中国电视纪录片发展过程中必然要走过的一个阶段。

三、平民化纪录片时期

20世纪90年代，经过前一时期几次纪录片传播的轰动，电视纪录片逐渐成为一个大众文化类型，在一定范围内颇受关注。随着“纪录片编辑室”“生活空间”等栏目的开办，纪录片开始进入个人话语阶段。这一时期，纪录片开始回归到自己的本体，理性意识浓厚，人的主题、纪实形态、平民视角成为主导性的电视纪录片观念。因此，这一时期涌现了一大批真实感人和富于人文色彩的纪录片，并从一个侧面记录了中国社会发展的进程。

（一）百姓意识与平民视角

在政治化纪录片时期，纪录片作为政治宣传的工具是一种俯视视角；而人文化纪录片时期呈现的是一种敬畏式的仰角，通过对大江大河这些孕育中华文明的脐带和民族符号的瞻仰引发对民族未来的深思。平民化纪录片时期更多的是一种平视视角里的凝视、注视。

平视的理念要求实事求是地记录，还原反映对象存在着的形态，包括人的本真状态、环境的本来面貌，以及人与人之间、人与环境之间的真实关系。可以说，平视和纪实是最贴近纪录片本来面貌、最符合纪录片本性的纪录片创作理念和方法。[①]

这一时期，甚至像毛泽东等一直被神话的历史人物也开始被赋予一种百姓意识，用平视的眼光注视和审视他对中国历史的影响。

① 何苏六．中国电视纪录片史论［M］．北京：中国传媒大学出版社，2005：82.

1993年12月6日播出了纪念毛泽东诞辰100周年的12集电视纪录片《毛泽东》，影片通过一系列生动的故事为载体，除去了一直笼罩在这位伟人身上的神秘光环，深入细致地刻画出毛泽东这位历史人物丰富多彩的性格特征，体现了一种史学的眼光。

（二）个人化话语

经历了政治化纪录片时期纪录片工作者作为党的喉舌代党发声，到人文化纪录片时期的群体发声。进入纪录片平民化时期，个人开始成为独立的单元。个体逐渐成为这一时期的主角。无论作为记录者，还是被记录者，都表现为个体化的特征。个体化的创作方式能更加自由地抒发创作者对于社会、历史、生活和人的认识，使这一时期的纪录片呈现个人化的话语方式。

个人话语方式电视纪录片的出现，使这一时期的中国纪录片展现出与以往全然不同的形态和格局。它不可能再像前一阶段那样去关注类似大江大河等如此宏大的题材，转而一般会选择某个点、某个人或某个家庭作为拍摄对象，在相对固定的空间里进行静态观察和跟踪拍摄。这种观察和跟踪，容易和被摄主体形成密切的关系，因此能够捕捉到日常化的真实的生活场景和细节。这种个人化的话语方式，在叙述的时候通常会采用单线结构，像是在展示一段生活的流程，接近原生态。

（三）人成为主题表征

这一时期的中国社会正处于转型时期，社会结构体制、道德观念、法律制度、价值体系等都发生或正在发生着剧烈变化。作为社会主体的人，是这场变革中的直接参与者，又直接受这一变革的影响。他们理所当然应该成为这一时期中国纪录片关注的中心。纪录片创作者通过镜头关注的个体成为中国现阶段某一群体的形象折射，他们所组成的众生相可以生动地反映中国社会局部的真实状态。

这一时期拍摄了许多关于平民个体生存状态的纪录片，留下了许多真实生动的人物形象。如《神鹿啊，我们的神鹿》中的柳芭、《远在北京的家》中的小保姆、《四姐》中的四姐、《母亲，别无选择》中孤独症孩童的母亲田慧萍、《沙与海》中的刘则远等。创作者通过镜头的深入观察，长久以来和被摄对象建立起的熟悉关系，使人在镜头中的表现更加自然立体，人的情感也在片中得到很好的展现。

（四）题材小型边缘化

纪录片工作者个体意识的增强和对个人话语权的把握，使纪录片人关注和表达相对个人化的东西成为可能。而对于个人化创作而言，相对小型的题材则更容易把握。许多创作者相信，单个个体具有完整性，一个典型的个体也具有对社会、对时代、对人类的诠释能力。对于人的关照，可以构成一个完整、独立、丰富的主题。

但是，这一时期的纪录片把触角伸向普通主流大众的不多，相反所选取的题材和人物大多过于脱离现实社会的中心。创作者更多地将镜头聚焦于底层人物个体，这也使他们并没有全面真实地折射或反映这一时期中国的社会主体形象。

这一时期对底层人群生存状态的思考，在深度和广度上都有明显的拓展，出现了不同角度和不同层面的立体关照。如反映艾滋病问题的《一个艾滋病病毒携带者》；反映法律问题的《爆炸》《毛毛告状》，表达人类社会生存斗争的《流浪北京》《沙与海》《最后的山神》《神鹿啊，我们的神鹿》，表现战争对人的影响的《人·鬼·人》《逃亡上海》等。

四、社会化纪录片时期

迈入21世纪，随着改革开放的深入，社会主义市场经济的发展波及电视领域。市场的因素开始影响和改变中国纪录片的制作机制、流程，也在改变中国纪录片的形态，甚至动摇着传统的中国纪录片的观念。也正是市场的因素，使中国纪录片开始面对现实中正在市场化的传媒环境，并从中谋求探索生存和发展之道。

自前一时期伊始，中国纪录片发展可谓欣欣向荣。可是好景不长，两三年后，纪录片开始呈现低迷和萎缩之势。在市场条件还不成熟的情况下，新出现的市场化运作机制成为制约中国电视纪录片发展的致命瓶颈，直接影响它的生存状态。因此，能否再一次转变观念成为依然充满理想主义色彩的中国电视纪录片走出困境、步入成熟的关键因素。事实上，对于这一时期的中国电视纪录片来说，市场化和社会化已经是一个别无选择的选择。

这一时期的中国电视纪录片，开始一个全面的社会化进程。这里的社会化并不是社会学中的社会化概念，而是指相对于前一时期出现在中国电视纪录片界普遍的个人、小群体、行业而言的一个更为宽泛的外延和意识，有着多元化的意味。社会化在这里有六层意思。

第一，纪录片作者在前一时期处于一种个人化的创作情境，纪录片的创作很大意义上是一种个人化行为和个人化表达。在这一时期，很多纪录片的创作者们开始从小圈子里走出来，用一种社会化的意识看待纪录片，重新走进和融入社会。

第二，前一时期纪录片题材倾向于关注底层和边缘人物，其非社会化倾向使中国的电视纪录片人没有承担起应有的记录社会发展变迁的历史责任。从这一时期开始，纪录片人开始重新承担起这种责任。在飞速变革的年代，纪录片人的使命是用镜头捕捉这些普遍存在而又惊心动魄的变化，这已经渐渐成为纪录片人的共识。

第三，纪录片影响力的社会化。纪录片从第三时期以来一直沉迷于小圈子、个人创作和实验性的做法中，总带有一种贵族化倾向和精英主义情结，所谓纪录片就是一群精英拍给另一群精英看的，很少考虑大众的需求和口味。这一情况在社会化纪录片时期得到改观，市场的因素使受众的地位得以空前提高，受众为王的观念开始深入人心，纪录片创作者考虑到市场和受众的因素，更加大众化，其影响力也更加广泛。

第四，制作方式的社会化。前一时期纪录片创作者往往喜欢个人手工小作坊式的创作，缺乏合作，使片中的元素相对单一，影响力、表现力和风格存在局限。同时，栏目局限于以栏目内的人员制作为主，几乎没有外围人员和独立公司合作，使大多数节目制作穷于应付播出，影响了节目的质量和深度。而这一时期栏目化运作中的模式化制作，以类型化和系列化作品出现，外围合作伙伴的引入使纪录片制作方式更加多样化。

第五，纪录片制作人员的社会化。随着小型 DV 摄像机的普及，加上一些民间 DV 作品大赛的举办，使这一时期民间纪录片大量涌现。纪录片原本属于少数精英创作的形象被 DV 化解。随着互联网的兴起，基于互联网基因的UGC模式出现，使大众成为纪录片的创造者和分享者，纪录片成为大众文化的一部分，很大程度上推动了中国电视纪录片的社会化。

第六，传播渠道和范围的社会化。与前一时期的独立纪录片和栏目化纪录片不同，这一时期纪录片的传播渠道更加多元化，版权售卖和跨平台播出开始在纪录片领域试水并不断取得成效，不少优秀的纪录片作品开始走出国门。纪录片的传播慢慢有了商业化和规范化的意识，开始注重纪录片传播的科学性。[①] 互联网的出现，更是成为纪录片生产传播的重要平台，原本纪录片的制作和收看模式被打破，UGC纪录片和商业定制纪录片的出现和流行为纪录片发展带来清新之气。

（一）美学风格和创作观念的突破与颠覆

社会化纪录片时期，纪录片在市场力量的推动下逐渐成为大众媒介产品，社会化成为不可阻挡之势。此时，纪录片如何跟大众实现更好的交流，什么样的内容形式观众喜闻乐见，成为摆在纪录片创作人面前的一个课题。在新时期，许多纪录片创作者采用拿来主义的方式，大胆地将新手法和新样式运用于纪录片创作中，不超越虚构这条纪录片的底线，有时候甚至在试探着这条底线。

有人主张纪录片的摄制方法应该在坚持非虚构的美学底线前提下彻底地开放、大胆借鉴，借用一切影视语言表现手段突破纪录片和专题片的界限、纪录片和社会报道的界限、纪录片和故事片的界限、纪

① 何苏六．中国电视纪录片史论［M］．北京：中国传媒大学出版社，2005：146.

录片和文艺片的界限。

于是，在这一时期，真实再现、扮演的手法作为重要手段开始运用在一些历史类的纪录片中。对于一段历史事件、历史人物的讲述，难免会遇到影像空缺的问题，而真实再现和扮演手段可以更加形象生动地还原事件和人物，被一些人认为比真实更真实，可看性也更强。这一方面是纪录片走向社会化、走向市场、迎合观众的结果，也是纪录片人挑战传统纪录片美学观念的大胆行为。

在创作上，为迎合大众口味，纪录片也开始做着各种各样的变化。首先，选题的重要性放大，一些人们乐于关注的主流的、新闻的、故事性强的题材成为纪录片的重要创作方向。其次，在拍摄方面开始讲究信息量，纪录片的语言和手法更加多样化。纪实不再是唯一，非纪实的因素如真实再现、扮演、场面调度、人工光，以及非标准的镜头也出现在纪录片中，可看性更强。再次，在叙事策略上，开始注重节奏的营造和故事性，曾经被淡忘的视听语言中非常重要的音乐、解说在一些纪录片中再获重用，镜头的剪接率也适度加快，同时，情节化的叙事也成为一种普遍追求。这些方法和策略的运用，改变了以往纪录片中存在的节奏缓慢、气氛沉闷的状况，从而更加贴近大众传播环境。另外，如同正在崛起的中国电影一样，纪录片的商业化、社会化的加剧使类型化生产成为主流纪录片的主要制片模式。

（二）市场化话语权与市场化生存

中国纪录片发展史上的几个时期同时也是话语权更迭的时期。从政治化纪录片时期党和政府控制话语权，到人文化纪录片时期群体话语权，到平民化时期的个人化话语权，再到社会化纪录片时期把话语权交给市场，这体现了纪录片创作理念的更迭变化。

其实把话语权交给市场这种机制转变早在上一时期就已经出现，但对于电视纪录片来讲，在这个转变面前一直犹豫和不太情愿的心态，几乎没有很好地去面对，也没有真正了解观众需求，没有去分析纪录片的多重价值，也没有去深究纪录片如何进行市场化运作。

市场化、商业化的浪潮冲击着一切行业，也包括电视媒体。对于广告商来说，高收视率意味着高关注度，也意味着广告价值越大。电视台与广告商之间二次售卖模式形成后，收视率成为悬在电视频道栏目制片人头上的一把利剑，而这把利剑也从某种程度上促使了他们的觉醒。迫于收视率的压力，许多纪录片栏目制片人喊出“在坚持非虚构的美学底线前提下”“突破纪录片与专题片的界限、纪录片和社会报道的界限、纪录片和故事片的界限、纪录片和文艺片的界限”这些振聋发聩的声音。正应了邓小平当年的一句名言：“不管黑猫白猫，会捉老鼠就是好猫。”在市场主导话语权的客观环境下，如何博得关注度，如何让曾经被认为是给精英们看的纪录片适应电视这一已经成为彻底的大众媒介的生态，如何让纪录片在市场化的媒介环境下更好地生存下去，成为纪录片人尤其是电视纪录片栏目创作者首先要考虑的问题。

市场化催生了电视媒体的栏目制片人制，也催生了模式化的制作机制。模式化的制作机制是栏目化运作的一项重要内容，是创造和保持栏目风格的一种重要手段，是提高栏目的运作效率、实现正常播出的重要保证，也是一个栏目成熟的标志。

这一时期的电视栏目已经具备作为栏目的所有要素，而不是像早期栏目那样仅仅是一个把不同形态和风格的作品集合在一起，提供一个公共栏目化空间而已。为适应市场化生存的需要，这一时期的纪录片，尤其是栏目纪录片大多呈现系列化、标准化、风格统一化的特点。如“探索·发现”系列：《发现曾侯乙墓》《巴人之谜》《发现北京人头盖骨》。叙述方式、语态、结构、风格都是相对标准化统一化，就像一道连锁快餐店里的快餐。这也是为了节省成本、应付播出，通过多快好省的制片模式实现流水线式的制作。当年被认为是精英作品的纪录片此刻也被请下神坛，彻底成为一种大众文化产品。

（三）纪录片实现大众化

电视纪录片之所以在这一时期发展成为大众媒介产品，主要由以下方面促成：

第一，民众的真实需求促使电视纪录片走向大众化、社会化。纪录片不再是以往一群精英拍给另一群精英看的文化精品，市场的导向要求大多主流的纪录片更加通俗、满足更广泛的电视受众需求。

第二，电视台机制的改革，栏目化经营模式的导入，收视率指标的考核模式，使电视纪录片人意识到原来纪录片也仅仅是电视中的一种节目类型，并无特殊的地位也没有特殊的政策。这使纪录片人原本的那些不与主流合流、不与大众为伍的意识观念分崩离析，难以为继，开始一步步纳入大众传媒的环境中。

第三，一大批不断推陈出新的纪录片精品，让纪录片在大众周围的关注度和普及度提高。2005 年以来，像《故宫》《大国崛起》《颐和园》《圆明园》《公司的力量》《舌尖上的中国》系列、《互联网时代》等纪录片凭借过硬的质量、创新的视听风格，与时俱进、充满历史厚重感的内容引发观众对于纪录片的持续关注，纪录片作为文化精品节目不断受到大众的追捧。2011 年央视推出的大型美食类纪录片《舌尖上的中国》更是引发收视热潮，一时间舌尖现象火爆中国，这部纪录片也像流行的影视剧和综艺节目一样成为大众讨论的话题。由于舌尖现象对纪录片行业带来的巨大影响，中国纪录片研究中心（CDRC）判断，自 2012 年始，中国纪录片进入公众时代。[①]

第四，新媒体的崛起，成为纪录片生产传播的又一个重要平台，成为纪录片与大众连接的又一重要渠道。传统媒体的有限播出资源，收视率导向评价机制，导致纪录片的生存空间一再被挤压。互联网海量储存、自主选择、互动性强、内容丰富等一系列特性给传统电视媒体带来新挑战的同时，也给纪录片带来发展的新机遇。自 2009 年始，国内知名门户网站、视频网站相继推出纪录片频道，有的还通过自身力量走向纪录片自制和商业定制之路。像优酷的《侣行》系列，在取得数以亿计的点击率的同时，也开创了纪录片与商业品牌合作的新典范。正是通过市场的创新和互联网的特色传播模式，纪录片实现了真正的大众化。

第五，政府政策驱动纪录片走向大众化。近年来，政府在鼓励中国纪录片发展方面频频出招。2010 年，《关于加快纪录片产业发展的若干意见》出台；2011 年，500 万元专项扶持资金出炉，并在近两年加大资金扶持力度；在平台上，新增上星纪录片专业频道。2013 年 10 月 12 日，国家新闻出版广电总局下发了《关于做好 2014 年电视上星综合频道节目编排和备案工作的通知》，更是明文规定，自 2014 年

① 何苏六．中国纪录片发展报告（2013）［M］．北京：社会科学文献出版社，2013：2.

1 月 1 日起，上星卫视综合频道按周计算平均每天 6：00 至次日1：00 至少播出 30 分钟的国产纪录片。这些对于纪录片行业利好的政策扶植措施，对繁荣纪录片产业起到关键性作用，促进纪录片走向社会化、市场化，也在间接意义上推动纪录片进一步走向大众。

第三章　中国纪录片工作者的职业意识

纪录片具有双重属性。首先，纪录片是一种社会性的产物，纪录片以真实客观的手法记录了社会现实，为国家和民族留下了珍贵的历史图像。其次，纪录片也是一种组织性的产物，它是由从事纪录片生产与传播的专门组织制造的，这两个层面毫无疑问都会对纪录片的生产产生影响。然而，在纪录片生产的过程中，除以上因素外，从业者本身具有的职业意识也起着非常重要的作用。

研究从业者的意识与观念，有助于我们回到人本身，从更加微观、更加敏锐、更加亲近的视角深入探究从业者个体在传播过程中的内在控制，也能够让我们更加清晰地把握传播过程中个体、组织、行业和社会等不同层次之间的复杂勾连。

职业意识是从业者的观念体系和价值观，也是影响乃至决定其传播行为的内在因素。职业意识是指一套信念系统与价值观，包含从业者对于媒介功能、职业角色及自我身份的认知与理解三个层面。

本章主要聚焦于以下三个问题：第一，中国的纪录片从业者如何理解纪录片的媒介功能，纪录片在社会中应该发挥怎样的作用？第二，中国的纪录片从业者在实践中如何扮演自己的角色？第三，中国的纪录片从业者如何理解自我？在他们心中，作为一个纪录片从业者的“我”到底是谁？在复杂的社会情景下，纪录片从业者拥有怎样的身份认同？

笔者研究纪录片从业者的职业意识有以下几个原因。

首先，关于中国纪录片的本体研究目前已经有大量的中文文献和英文文献，但是对于从业者的研究寥寥无几。在媒体的生产实践中，从业者对于工作首先会产生一个基本的认识，之后才会产生相应的职业行为。与此同时，媒介产品本身，即纪录片本身也有一定的塑造作用。从业者身处的媒体环境、组织文化不同，采访时遇到的对象和采访情境不同，都会在一定程度上塑造从业者不同的职业意识。

其次，纪录片是时间的艺术。在纪录片创作中，从业者需要付出巨大的时间成本和精力，由此生产的媒介产品的内涵和深度都要高很多，对从业者的素质要求更高，越是经验丰富的资深从业者越是能够担此重任。但是经过此次调研，笔者发现，由于各种复杂情况的影响，纪录片从业者越来越显示出年轻化和高学历的趋势，很多身在一线的年轻从业者甚至会把纪录片当做职业生涯的跳板，当体验过几年纪录片行业后，就会频繁地转型或者转行。甚至有人说，等到退休后，再从事纪录片行业也不迟。在纪录片行业中，为什么会有这样的职业困境出现？如果纪录片从业者不再将记录情怀深藏胸中，纪录片行业的人才培养模式没有形成健全的体制机制，那么纪录片产业未来的发展又会怎样？

第一节　关于中国纪录片从业者生存状况调查的问卷

2016 年 9 月，笔者参与了中国传媒大学纪录片研究中心的一项问卷调查——“中国纪录片从业者生存状况调查”。这项调查旨在对中国纪录片从业者整体进行“画像”调查。本书采用问卷调查的方式来了解中国纪录片从业者的生存状况，以期对行业的整体面貌有一个认识。我们根据纪录片行业和从业者的具体情况进行设计，调查内容包括纪录片从业者的基本情况、职业意识、工作满意度、生活状况等方面。

截至 2016 年 12 月 9 日，我们共收到问卷 563 份，男女比例为 3∶2。其中目前工作地区为北京的占比最大，达 34.99%。因此，北京地区纪录片从业者的生存状况调查也具有一定的代表性。在年龄分布上，随着年龄的增长问卷数量依次递减。25～39 岁的年轻从业者较多，占所有参与调查人数的 74.68%，其中，25 岁以下的从业者占所有参与调查人数的四分之一。而 60 岁及以上的从业者仅 8 人，65 岁以上的从业者仅 3 人。本书尝试分析这一情况可能出现的原因。

截至2016年12月9日

目前工作地区
北京占34.99%

图 3－1　问卷回收情况

第一，纪录片行业本身从业者的年龄分布就是如此，即表现为年轻从业者较多，随着年龄的递增，能够坚持下来继续从事本行业的资深从业者较少。第二，本次问卷主要采取网络发放的形式，社交媒体（微信）、网站端填写和邮件发放是其主要的三种发放方式，而60岁以上的从业者年龄已经较大，且对新媒体不熟练，所以造成这一年龄段的样本量较少。除了网络发放问卷外，项目组还采用了“滚雪球”的问卷调查法，即通过联系已知的纪录片学界与业界的一线从业者，掌握了一些从业者的名单，并从已知的从业者补充名单中邀请目标样本参与调查。这一方法在一定程度上补充了高年龄段的样本数量，使本次调查的样本分布更加均匀。本书选取了全部样本，即对565位从业者的数据进行分析。

以下将对中国纪录片从业者的基本特征、职业意识与工作满意度、生活状况与工作满意度进行简要描述，为行业提供具有参考价值的依据。

一、基本特征

受访者年龄多集中在29岁以下，占46.18%，30～44岁共占38.55%，如图3－2所示。有23.48%的人有11～20年的媒体行业从业经历，但从事纪录片行业1～3年的占到了24.13%。男性相对多于女性，以大学本科及硕士研究生为主，占87.2%，其中新闻传播类专业和艺术类专业占比较大，共占72.47%（见图3－3）。导演（编导）占绝对量，剪辑、摄影、撰稿和制片人相对较多。可以看出，中国纪录片从业者呈年轻化、高学历，男女比例较为均衡，专业优势明显。

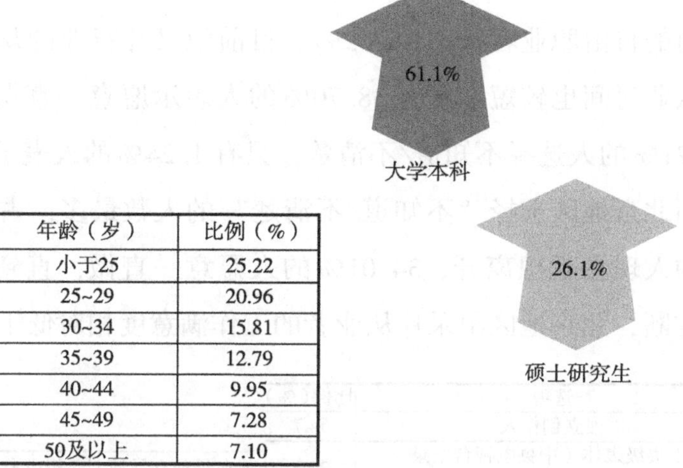

年龄（岁）	比例（%）
小于25	25.22
25~29	20.96
30~34	15.81
35~39	12.79
40~44	9.95
45~49	7.28
50及以上	7.10

图 3－2　中国纪录片工作者的基本特征

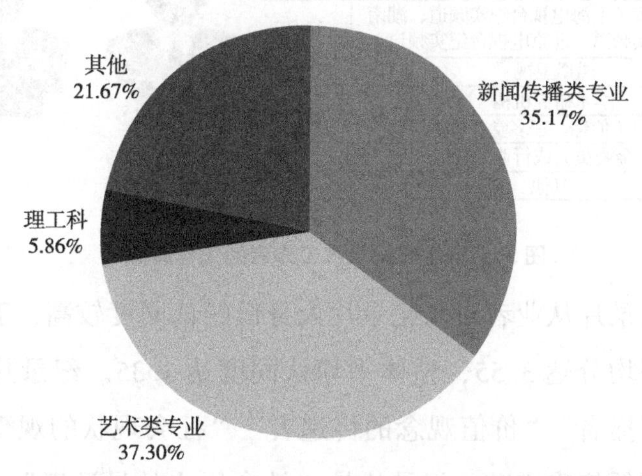

图 3－3　中国纪录片工作者的专业背景分布

二、工作满意度

纪录片从业者的聘用形式以企业聘用为主，占 34. 64%，但为继续从事与纪录片相关的工作，有 54.70% 的人希望将来成为独立创作人，目前的自由职业者只占 16.52%。目前纪录片行业的从业者偏年轻化，从业时间也较短，但有 38.70% 的人表示愿意一直做，直到退休，33.21% 的人选择不知道/不清楚，只有 1.24% 的人表示现在就想离开。而北京地区选择“不知道/不清楚”的人数最多，占 36.55%，2.03% 的人现在就想离开，34.01% 的人愿意一直做，直到退休。因此可以推断，北京地区纪录片从业者的工作满意度相对低于全国。

选项	比例（%）
独立创作人	54.7
中央级媒体（中央电视台纪录片频道、新华社、中新社等）	32.5
海外（NHK、BBC、Discovery等）	26.5
视频网站（合一集团、腾讯视频、爱奇艺等）	22.0
三大纪实频道（上海电视台纪实频道、湖南经视金鹰纪实频道、北京电视台纪实频道）	16.7
凤凰卫视	16.2
学术研究机构	13.9
民营公司（伯璟、三多堂、雷禾等）	11.2
基金委员会或行业协会	9.2
其他	8.5

现在是独立导演
16.52%

希望成为独立创作人
54.70%

图 3－4　中国纪录片工作者的工作满意度

中国纪录片从业者对于纪录片人身份的认同度较高，五级量表的测试结果平均分达 3.55，整体平均认同度达 3.35。纪录片人是“历史文化的传播者”“价值观念的传递者”“社会现状的观察者”的认同度从高到低依次递减；纪录片是“社会历史的见证者”“传承和发扬文化的重要载体”“具有文献价值”的认同度从高到低依次递减；择业动机以“喜欢写作/摄影/编导”“有人文情怀”“记录历史，传播思想”“喜欢接触社会，增长见闻的认同度”从高到低依次递减。可见，纪录片从业者有强烈的职业情感和纪录片情怀，对纪录片的历史价值、文化价值、认知价值、记录价值认同度最高，认为纪录片对于社会发展具有重要作用。

从调查结果可以看出，纪录片工作给纪录片从业者带来的成就感、施展才能的空间和主动权较高，纪录片从业者对同事关系和社会支持的满意程度为五级量表的3.89。综上所述，纪录片行业给纪录片从业者带来的个人满意度较高，加之纪录片具有的社会价值，纪录片从业者的工作满意度与职业意识的认知程度呈正相关关系。

三、生活状况

中国纪录片从业者的幸福指数用七级量表测量，平均分为5.19，综合满意度平均分为五级量表的3.98，其中对于住房条件的满意度最低，为3.46，买房压力大位居第三位（第一是没时间陪家人，第二是工作压力大），平均收入在3001～6000元占比最大，为29.31%（见图3－5），有46.89%的人认为现在的收入勉强支付日常开支。52.22%的人有房，28.06%的人选择租房。与目前全国的数据相比，北京地区纪录片从业者幸福指数和综合满意度相对偏低，分别为5.05和3.86，平均月收入水平高于全国，10001元以上的占36.55%，6001～10000元的占30.96%，但有49.24%的人认为现在的收入勉强支付日常开支。北京地区纪录片从业者住房压力也更为明显，住房条件满意度仅为3.17，买房压力大位居第二位（第一是没时间陪家人），44.67%的人选择租房。由此可以得出：北京地区纪录片从业者生活水平低于全国平均水平，收入更高但压力更大，特别是住房压力。此外，对于家人的陪伴程度的问题普遍重视程度较高。

选项（元）	比例（%）
3000以下	22.74
3001~6000	29.31
6001~10000	25.40
10001以上	22.56

图 3－5　中国纪录片工作者的收入状况

四、中国纪录片从业者对纪录片的认知

本书重点关注的是纪录片从业者对纪录片功能的变化如何认知。媒体从业者的认知情况对媒介内容的生产发挥着重要的作用，媒体从业者对这一行业的所思所想、所感所悟，必然导致媒介呈现不同的实践内容。在他们看来，纪录片到底是一种社会公器，还是一种文化产品，或是一种宣传工具，这三种认知之间有着巨大的差异，也必将造就不同的产业生态。

（一）不认可的功能：商业性和娱乐化

在对 565 位纪录片从业者的调查当中，以“您是否赞同以下对纪录片功能的描述?”为题目，设计涵盖记录功能、商业功能、文献功能、文教功能、娱乐功能维度的五级量表，请从业者对于纪录片的不同功能进行打分。

其中，“纪录片是社会历史的见证者”一题平均分最高，得分为 4. 47，说明从业者对于此项表述最为认可。接下来依次是“纪录片是传承和发扬文化的重要载体”，得分为 4. 43；“纪录片具有文献价

值”，得分为4.42，说明从业者普遍对纪录片的真实记录社会的功能、文化传播功能和文献功能较为认可。在采访中，一位导演告诉笔者，“我最看重纪录片记录时代的价值，尤其是记录当下。有一句话叫一个国家没有纪录片就像一个家庭没有相册，也就是说，多年之后，我们再回过头来去看我们现在记录的东西，它就是一个真实的历史。也许我现在记录的都是小人物、小故事，但是在历史的长河中回过头一看，很可能会发现，我们现在处的这个时代是一个变革的时代，是一个转型的时代”。

而对于“纪录片是大众娱乐的一种方式”这一表述则平均分最低，为3.3分，排在倒数第二位的是“纪录片能够带来一定的经济效益”，为3.37分，说明纪录片从业者普遍对纪录片的商业功能和娱乐功能认可度很低。也可以这样说，大多数的纪录片从业者认为，纪录片这一媒介形态不应该具有太多的商业化或娱乐化色彩。

（二）期望：公共性与独立性

在以上的调查中，中国纪录片从业者明显表现出对于纪录片行业公共性与独立性的期待。利益集团的代言人和党和政府的传声筒是最不被他们认可的职业角色。

在中国新闻业中，媒体运行的关键是为党和政府服务，媒体在政治宣传体制下运作是其最基本的要求。因此，从业者在进行自我角色的定位时，首先是宣传者，他们是党的喉舌，是国家现代化进程的建设者，服务于党和人民，服务于政府，并在党和人民之间架起一座沟通的桥梁。但是我们明显可以看到，纪录片从业者对此不太认可。一位调查对象说，“我在体制内拍的纪录片主要以中宣部的、总局的、台里的或者频道的重点项目为主，类型主要是政论片，即使是历史类、财经类的也都多少带着政治意图。应该说是上级的命令吧，不能说是任务片，即使是任务片，也需要我们投入极大的热情去创作的”。

中国媒体的公共性已经越来越凸显。30 多年的市场化改革之后，中国新闻业渐渐开始追求其自主性，媒介作为社会舆论平台的这一作用日益凸显，媒介除了履行基本的喉舌功能外，其作为大众媒介的功能越来越占有一席之地。这一新功能的实现突破了中国传统新闻业对媒体的限制性规定，在一定程度上，是新闻业本身追求自主性的一种表现。从“非典”、汶川地震到温州动车事故，一些具有重大舆论影响力的公共事件频频被媒体报道和讨论，媒体的公共性特征表现得越发明显。

在市场经济的拉动下，在媒体专业主义的浪潮下，中国媒体正在尝试一步步地将报道空间逐渐扩大，不断开辟各种利益诉求都能够通畅表达的渠道和方式，并通过转变不同的发声方式将民众广泛关注的议题转变为能够被广泛讨论的公共议题，以期推动国家相关政策、法律或者机制体制的变革。中国的新闻传媒不再满足于仅仅充当党的喉舌，在一定程度上，它也扮演着更多承担监督功能的社会喉舌的角色。①

这种趋势也体现在纪录片从业者们对于纪录片题材的关注和取向上。在问卷“您最关注/最想创作的纪录片题材有?”一题中，人物、纪实和社会类的纪录片分别为从业者们最感兴趣的题材三甲（见图 3 –6）。

---

① 曾繁旭．形成中的媒体市民社会：民间声音如何影响政策议程［J］．新闻学研究，2009（100）．

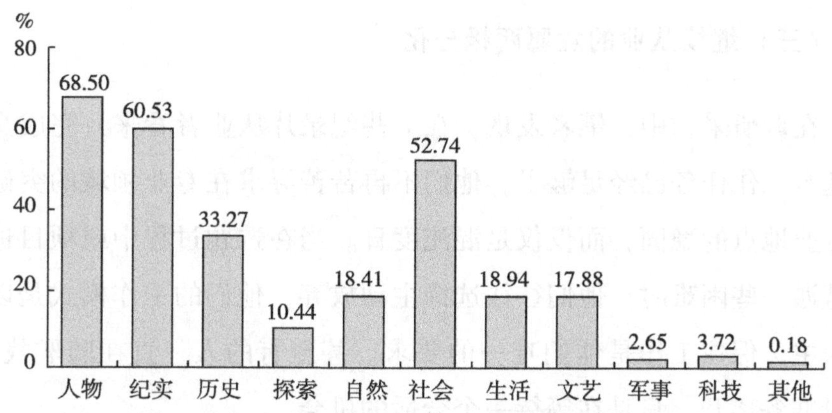

图3-6 中国纪录片工作者感兴趣的题材

纪录片从业者对理想媒体的选择更能说明这一趋势。在题目“如果继续从事纪录片相关工作，您理想的单位是?”一题中，有超过半数的纪录片从业者选择了独立创作人。这一选择显然更自由，更有个人空间。这种情况的出现，在中国现有的体制机制下，有着更为深刻的原因。

在中国转型发展的过程中，随着各项改革的不断深化，社会矛盾日益尖锐，中国社会的贫富差距、不平衡感越来越明显。利益的不平衡感是指民众产生的一种强烈的被剥夺感，他们认为社会非常缺乏公平与正义，因此，在价值的取向上，他们往往表现出对于公正、廉明的深切渴望。而这种文化的产物之一就包括当代的中国媒体从业者，他们深刻感受到这种蔓延的社会情绪，同时，他们的日常行为中也深深地刻着这种文化的烙印。[①] 从调查中看到，这种现象清晰地出现在中国纪录片从业者群体及其作品题材取向中。

---

① 李艳红．传媒市场化与弱势社群的利益表达——当代中国大陆城市报纸对“农民工”收容遣送议题的报道研究［J］．传播与社会学刊，2007（1）．

（三）继续从业的意愿两极分化

在调研采访中，笔者发现，在一些纪录片从业者看来，完成交办的基本工作任务已经足够了，他们不再苦苦寻求在专业领域的突破或者专业地点的稳固，而仅仅是混沌度日。当在选题过程中或项目进行中遭遇一些困难时，他们往往选择主动放弃，他们的工作模式是以生存为主，保住工作是他们唯一的要求。甚至有的人一直在骑驴找马，随时准备离开，只是在等待一个合适的机会。

在对于纪录片从业者“准备继续从事纪录片行业的时间”的调研结果中，呈现两个极端，38.76%的从业者选择“一直做，直到退休”，而相当一部分的从业者展现出迷茫与犹豫，33.27%的从业者选择“不知道/说不清”，而对于自己的未来有明确规划的从业者，即给出了明确的从业时间（“现在就想离开”“1~5年”“6~10年”“11~30年”）的从业者也将近三分之一。而且，随着从业时间的增加，想要留下的人也越来越少。

脱胎于知识分子的中国纪录片从业者，在中国特殊的新闻体制中被塑造成“新闻战士”。然而，随着市场经济的迅速发展，这样单纯且统一的身份认知也被渐渐地消散。定义纪录片从业者在理论上并不困难，但是，在现实的媒体生产场景中，他们的身份很难准确地被定义。那些已经离开，时刻准备离开，或者打算离开纪录片行业的从业者们或许很大程度上就是感受到这份职业带来的种种迷茫与困顿，甚至是无力，还有一些人因为遍寻不到适合自己的定位，而不能产生对于自我的认同感。

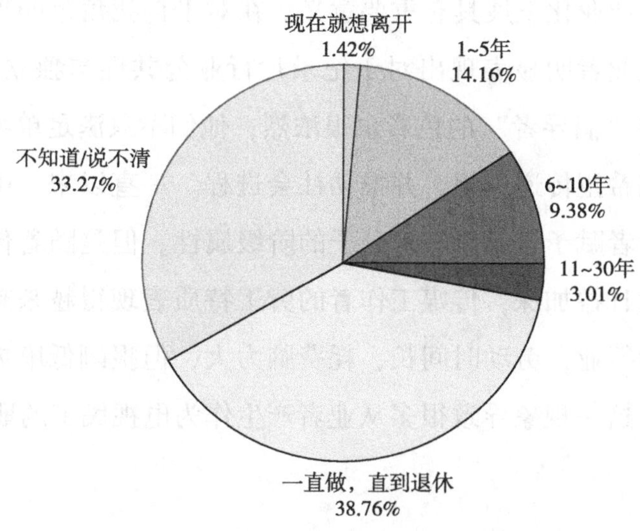

图3－7　中国纪录片工作者继续从业的意愿

然而，在笔者对于问卷数据的分析中发现，虽然从总体上看，纪录片从业者的物质生存环境并不是很好，而且对于自我的认同展现出多元的图景，但是对于“您觉得自己现在幸福吗？”这一问题，从业者们表现出非常乐观的情绪。一位导演说，“纪录片最好的就是，它是你的生活本身，纪录片这个职业最棒的不是它带给你多大的收入，是因为你喜欢的一切，比如说你爱好的音乐，你喜欢读的书，你喜欢结交的人，都会在你的职业当中去体现，这是这个职业最棒的地方”。另外一位从业者说，“当我决定投身进入纪录片行业，就是要向那个坑坑洼洼、崎岖不平的道路前进。有时不但刮风，而且还下雨。有时候是毛毛细雨，有时候可能是狂风暴雨。在这个过程中，如果你碰到了困难就哭，甚至不想干了，那你这一辈子就干不出什么事儿了”。

纪录片从业者是纪录片产业链中重要的一环，是纪录片生产的主体。了解纪录片从业者的前世今生、所思所想、忧虑和期待，对于中国纪录片的产业化发展具有重要意义。在对于自我角色的理解上，中国纪录片从业者明显表现出对于纪录片行业公共性与独立性的期待。同时，他们“倡导者”的色彩也很浓烈，他们不只满足单纯的观察与记录，更加希望传递思想，并推动社会进程。一直以来，中国社会及纪录片从业者赋予自己以知识分子的阶级属性。但是随着传媒业参与市场的程度日益加深，传媒工作者的劳工特质表现得越来越明显，特别是纪录片行业，劳动时间长，耗费脑力大，但报酬低廉成为一个普遍的现象。这一现象导致很多从业者产生作为电视民工的职业认同。

第二节　中国纪录片从业者职业意识的觉醒

一、纪录片：一个正在形成的专业门类

中国纪录片从业者是否已经走上职业化道路？其职业意识是怎样逐渐形成的？如果将一门行业称为职业，那么是否有什么标准？在纪录片从业者的职业生涯中，他们是如何一步步形成对于职业的特殊理解？

在笔者的调研中，拥有不同社会背景、组织文化的从业者，对上述问题的回答会显示非常巨大的差异，在不同时期进入行业的从业者，比如一位 20 世纪 30 年代出生的纪录片从业者与一位“80 后”的从业者，对同一问题的认识的差异会更加巨大。而笔者则希望通过对纪录片从业者职业意识的研究，试图对上述问题进行解答。

特定行业的场域会形成特定的职业意识形态，个体职业意识的形

成离不开从业者自有的个体认知，也离不开社会对其的塑造。那么，纪录片是怎样一种职业呢？我们首先要对这种职业有一个基本的认识和判断，之后才能定义纪录片从业者的职业意识。

最近一二百年，绝大多数的职业逐渐形成。纪录片毫无疑问是一个职业。但是，纪录片是一个专业吗？在我们的印象中，职业和专业是两个含义不同的词。《辞海》对职业的解释是个人服务于社会并作为主要生活来源的工作。[①] 专业则需要经过长期的学习、培养和训练，专业是指某个人在一个特殊的领域掌握一些专门的知识，这些知识是其他人不具有的，同时，某一专业的人才一般具有经过权威部门认定的资格证书，以体现其专业性。

社会学家维纶斯基在对 18 种专业性职业的发展历史进行系统研究后提出，一门职业的专业化一般要经历五个阶段：第一阶段，专业职业成为一种专职工作，并且具有特定的工作范围；第二阶段，出现能够培育专业人员的机构，因此，专业人员能够在这里学到权威且具有排他性的专业技能；第三阶段，工会等组织在专业人员的呼吁下应运而生，其目的是保障其自身权益；第四阶段，通过政府或者法律等途径对从业人员的从业资格进行规范，主要手段有考取资格证等；第五阶段，专业人员建立起专业的价值观或者相应的职业规范。

在这之后，学者们对专业这一概念的认识逐渐沉淀下来，很少跨国度地界定专业这一词的概念，而主要讨论医生、律师等广泛被认可的专业。[②] 当我们讨论纪录片是不是一个专业时，在西方或者中国，

---

① 《辞海》中对职业的解释如下：（1）官事和士农工商四民之常业。（2）职分应作之事。（3）犹职务；职掌。（4）犹事业。（5）今指个人服务社会并作为主要生活来源的工作。

② 刘思达．职业自主性与国家干预——西方职业社会学研究述评［J］．社会学研究，2006（1）．

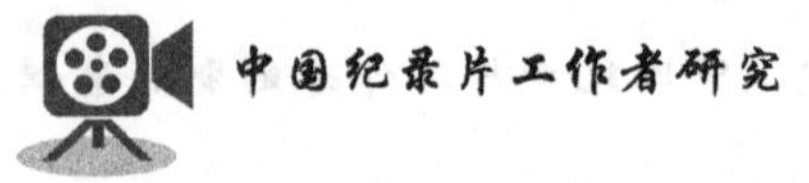

这一表达很模糊，甚至找不到相关的直接表述。

对于某些纪录片行业的从业者来说，纪录片行业只是各式各样的行业之一，并非一种专业门类，也不具有固定的、被广泛认可的专业性含义。工作只是一种职业的初级形态，社会分工的逐步细致和知识体系的扩张会加速工作向一种专业转变。职业和专业并不是对等的关系，而是递进的关系，工作在发展进化到一定的阶段时才能被称为专业。而在职业社会学的定义中，只有医学、法律与科学三种职业才会被认可为专业，其他行业则处在向专业转变的过程中。而在中国，纪录片职业距离成为纪录片专业还遥遥无期。

二、纪录片从业者的专业主义

新闻专业主义作为一个专有名词在新闻学研究中有其固有的意涵，那么纪录片从业者是否有其专业主义？纪录片从业者的专业主义是指什么？纪录片从业者的专业主义与职业意识之间有何关联？笔者在定义纪录片从业者的职业意识时，首先回溯了新闻专业主义的相关研究。

罗文辉主要研究台湾的广播、电视及报纸的从业人员，他通过对调查问卷的设计与数据分析，试图建立新闻从业人员的专业主义量表，这一量表考察的对象包括专业主义中的专业知识和自主权等方面。专业主义被罗文辉定义为某一职业成员共有的某些态度或信念，新闻从业人员的专业主义则包括以下几个方面：第一是专业知识，主要包括一些系统性的知识和自我的技能提升；第二是专业自主，包括两个方面，一是不受组织内各种因素影响的独立自主，二是不受组织外因素影响的独立自主；第三是专业承诺，包括对新闻工作的承诺和对保护民众利益的承诺；第四是专业责任，包括多种类型，如反映对新闻报道责任的重视程度的专业责任，还有对新闻价值观重视程度的专业责任等。① 新闻专业主义在美国的社会情境下诞生，这一概念在中国的新闻实践中如何应用是一个值得我们探讨的问题。研究者将新闻专业主义这一概念与中国新闻界的现状结合并进行深入研究之后，取得了不少研究成果。

芮必峰的调查结果得出三个结论：第一，在新闻从业者看来，新闻这一职业还不够专业；第二，新闻从业者向往变得更加专业；第三，新闻从业者心中对专业一词的认识与新闻专业主义中的专业并不具有同样的含义。他的调查还显示，给中国的新闻从业者添加底色的，或者能够描述他们的本质特征的，并不是来自西方、具有特定内涵的新闻专业主义，而是根深蒂固在中国人骨子中的一些词句，如英雄主义、入世与出世、知识分子、爱国主义等。②

赵云泽、涂凌波认为，西方的新闻专业主义是独立于政府和政党的专门组织，拥有自己的思维逻辑，而中国的新闻业处于政府和政党的夹缝之间，这是两者不同的地方。而两者相同的地方在于，都关注社会、关注现实，致力于为公众的利益呐喊。因此他们认为，两者虽然形似，但是神非，两者之间的不同远远大于相同。并且他们认为，具有忧国忧民色彩的文人论政精神自始至终贯穿整个中国新闻业的发展之中，而舶来品新闻专业主义只是一种表面的工具或是一种说法，

---

① 罗文辉．新闻人员的专业性：意涵界定与量表结构［J］．传播研究集刊，1998（2）．

② 芮必峰．描述乎？规范乎？——新闻专业主义之于我国新闻专业实践［J］．新闻与传播研究，2010（1）．

并不是中国新闻业的底色。①

林芬的研究结果发现，在不知不觉中，中国的新闻记者已然分化为三个群体，分别为新闻官僚、职业新闻人和新闻民工。在日常的新闻生产中，新闻官僚们做新闻的目的是提高其在国家政治体系里的排序，即为了政治地位而做新闻；职业新闻人则是为了新闻本身的呈现效果，即实现专业上的绝对优势化而做新闻；新闻民工们则为了收入的增加而做新闻。② 张志安在其研究中也发现，体制内记者（以党报记者为代表）和体制外记者（以都市报记者为代表）是个性鲜明的两大群体。③

由此，不论分类方法和研究方法有何不同，从以上的研究中我们可以发现，中国新闻从业者的职业观念内部差异很大。延伸到纪录片领域，笔者在对纪录片从业者的职业意识研究进行表述的选择时，并没有采用专业主义这一概念。这一选择主要是基于在采访调研中从业者普遍反映的对于纪录片行业现状的基本认识，即在个体、组织和行业三个层面，从业者们都无法在专业主义上达成共识。在笔者对一些纪录片从业者进行访谈时发现，有人认为，在大学学习新闻传播类的专业可以被称为受过纪录片的专业性训练，也有人认为，纪录片的专业性是指那些拥有法律、经济等专门学科背景的人从事相关内容的纪录片生产。

由此可见，中国的纪录片从业者并没有广泛地建立起以专业主义为核心的专业意识。因此，笔者采用职业意识这一表述定义本报告的

---

① 赵云泽，涂凌波．“文人论政”与“新闻专业主义”：精神的区隔与认同［J］．现代传播，2010（10）．

② 林芬，赵鼎新．霸权文化缺失下的中国新闻和社会运动［J］．传播与社会学刊，2008（6）．

③ 张志安．两类报纸记者的不同特点［J］．中国记者，2011（2）．

核心概念。主要的原因有以下几点。第一，职业意识是一个较为中性的表述，并且能够涵盖比较广的范围。第二，职业意识可以描述高级的职业意识形态，如专业主义。第三，对于暂时还未形成专业意识，但对自己的职业有一定认识的从业者群体来说，职业意识这一表述也同样可用。第四，不论在西方还是中国，专业主义这一表述使用起来弹性较小，专业主义已然具备了特定的价值和含义。

三、纪录片从业者职业意识的内涵

从社会学的观点来看，意识形态表达的是社会及其人群的道德价值观与理想，这一体系能够激发人们的行动和社会变迁。意识形态是一套系统的观念，是有关社会信念与态度的体系。

本章所研究的中国纪录片从业者的职业意识，渐渐在中国目前的纪录片行业实践中显现，它包括纪录片从业者的行为方式、思维模式和理想信念等多个方面。这一职业意识的形成有着悠久的历史因素，也无法与现实隔离，并且清晰地在从业者的生产实践中显现出来，同时，这一职业意识形态与政治、经济、社会、文化等多种因素相互作用、相互影响，日渐展现新的生命力和活力。一方面，在从业者职业意识与其他社会系统的博弈中，从业者职业意识的发展和演进对其他社会系统和其本身产生着作用；另一方面，各种社会子系统也会给予职业意识压力与活力。

职业意识同时是一套意识框架和一个思维系统。职业意识有其自身的产生及发展规律，职业意识的形成可以比做一种植物的生长过程，不同的生长地点、不同的生长环境会影响其表现出不同的性状，甚至个体与个体间会出现变异或者变种的现象。

综合之前对于新闻从业者职业意识和新闻专业主义的文献综述，本书这样定义纪录片从业者的职业意识：它是包含三个层次内容的一套完整的信念体系，包括纪录片从业者对于纪录片的媒介功能、职业角色和自我身份的认知与理解。首先是从业者对纪录片这一媒介功能的理解。媒介的功能是指它在社会中所发挥的作用。从业者如何理解这一点，往往是他从事工作的基础，也将决定他此后的职业发展路径。纪录片作为能够直接反映社会现实的晴雨表，在中国这样一个具有独特的政治文化和制度架构的国家，在其从业者心中，到底承担着何种功能？在市场化进程中，纪录片从业者又将如何看待商业性与娱乐化的倾向？其次是纪录片从业者对其职业角色的理解。角色是来自社会学的概念，它描述了行为主体所要遵守的行为规范及模式。从业者如何扮演自己的职业角色，很大程度上表现为其在实践中怎样实现自身对角色的期望。最后是纪录片从业者对于自我认同的理解。自我认同是指个人对自己处境的主观感受。从业者怎样看待自己，会深刻地影响其如何扮演职业角色，进而对媒介的价值产生积极或消极的判断。

第四章　成为自由职业者

第一节　商业时代下的创业潮

过去三十年，中国的 GDP 年增长超过 10%，目前已经成为世界第二大经济体。伴随国家经济的高速增长，人们对于财富的追逐和崇拜也到了空前的程度。大众媒体对于商业领袖如何成功以及他们高端生活方式的报道，总能获得人们更多的关注。计划经济时期，中国人崇拜的对象是工厂单位的劳动模范，但现在中国人更崇拜体制外的企业家。阿里巴巴集团创始人马云，就是当下中国的全民偶像。马云生于中国浙江的一个普通家庭。20 世纪 90 年代，马云从一个不知名的师范学校毕业后，开始了互联网创业，并于 1999 年成立了阿里巴巴集团。2014 年，阿里巴巴集团于纽约证券交易所正式挂牌上市，马云也成为中国首富。马云从一个普通人到创造商业帝国的传奇经历，呼应着当下中国的经济奇迹，也代表着一种符号——追逐梦想和财富。除了阿里巴巴的马云外，万达集团的王健林、恒大集团的许家印，这些中国的顶级富豪们在公共场合的演讲、接受媒体采访所传递的价值观，深刻影响着普通阶层民众的认知和行为。

虽然目前中国经济的主体依然是公有制经济，但中国政府对于大众在体制外追求财富也是持鼓励的态度。2014 年，李克强总理在第八届夏季达沃斯论坛上提出“大众创业、万众创新”的口号。在 2015 年第十二届全国人民代表大会第三次会议上，总理所做的政府工作报告中将创业视为中国经济发展的新引擎。国务院及其组成部门先后围绕创业出台了 20 多项相关文件，鼓励各行各业的人在体制外寻求增加收入的机会。

一、创业浪潮

在社会整体风气和国家政策的双重影响下，中国正在经历着过去几十年中最热闹的商业热潮，所有人都幻想着自己成为下一个马云。作家蒋方舟描述过她看到的令人疯狂的创业热潮，“感觉北京已经疯了，似乎网龄超过 5 年，年龄低于 30 岁，认字在 3000 字左右，英语四六级上下，出入过媒体互联网和广告公司的朋友们都创业了、弄潮了，跟天使投资人喝咖啡了。生活在北京、杭州这样的城市，几乎可以看见巨额的热钱在流动，见者有份，钱多速来。互联网创业圈子最常说的话：‘站在风口上，猪都能飞起来！’现在的创业热潮，简直像是新时代的“大跃进”：与火箭争速度，和日月比高低；人有多大胆，地有多大产”。①

在全民创业的热潮中，嗅觉灵敏的媒体人显然是走在前面的。近年来，许多著名的体制内媒体人选择了辞职创业。如中央电视台的王

---

① 蒋方舟. 创业成为新的上山下乡［EB/OL］. https：//www.douban.com/group/topic/72426411/，2015－02－13.

利芬，她原来是著名的制片人，辞职后成为优米网的创始人；中央电视台的马东，他原来是著名的主持人，辞职后成立米未传媒；还有外滩画报社的主编徐沪生，辞职后创办“一条”视频平台。为什么创业会成为体制内媒体人最主要的离职去向，并相对容易获得成功呢？第一，媒体工作者的群体比较特殊，使他们对比一般的职业群体拥有更广阔的视野和人脉资源，尤其在层级较高的体制内媒体的工作经历，可以使这些媒体人更容易接触不同阶级的人群，能听到来自各行各业的声音。第二，媒体人的学历较高，拥有比较强的学习能力和沟通能力，他们对国家政策很了解，也对政治、经济、文化领域的变化比较敏感。第三，一部分媒体人身上带有的名人效应对创业吸引投资也是有很大的益处。所以，媒体人身上本身的特质加上工作特性，让他们在创业起步阶段更具有优势。

但是，当我们被创业英雄的故事感染时，也很容易忽略更多不知名创业者所经历的艰难，特别是那些刚从学校毕业的青年创业者，他们才是金字塔底部默默无闻的大多数。在所有国家的创业主体中，青年都是不可或缺的力量，代表了创业的未来。目前中国创业人群的中坚力量正是在改革开放后出生的从20岁至40岁之间的中国第一代独生子女。从年龄段上来说，他们和西方的千禧一代成长于同一个时期，伴随着全球化和互联网技术发展，他们从小受到的西方资本主义文化影响更多，个人主义倾向更明显，这和成长于毛泽东时代崇尚集体主义的父辈们是截然不同的。在儿童时期，独生子女一代曾经被贴上“小皇帝”的标签，但是伴随着他们的成长，叛逆、自由的个性逐渐凸显，他们不喜欢固定的工作和一成不变的生活。相比上一代人对共产主义革命事业的忠诚，独生子女一代更忠于自己个人的梦想，

“铁饭碗”的单位体制对他们吸引力正在变小。一位 1998 年出生的大学生曾经对我说过他的职业规划，他的想法代表了很大一部分中国青年的声音，“我觉得我们这一代人没有那么多社会责任感，动不动你说想要改变国家，改变社会，这种话听着挺招人烦的。我可不想走传统的职业路线，去一个父母安排的单位，在那里等着退休，一眼看到底的人生太可怕了，我想能自主独立地做一番有趣的事业”。

除了独生子女主观上的原因外，青年创业潮的形成还有客观的原因。自 1977 年中国恢复高考以来，进入大学学习一直是中国学生改变命运最主要的途径。大学生只要完成学业，就可以享受统一分配的待遇进入相对理想的单位。但自 1999 年起，中国大学开始扩大招生规模。扩招政策虽然增加了独生子女们享受高等教育的机会，但也增加了大学生的就业压力。特别是近几年，大学生就业难越来越成为一个难以解决的社会问题。因此，国家也开始呼吁大学生灵活就业，并出台一系列政策鼓励大学生创业。2015 年，教育部下发通知，要求各地各高校全面推进创新创业教育和自主创业工作，加大对大学生自主创业资金支持力度，高校要建立弹性学制，允许在校学生休学创业。这项政策引起社会的广泛议论，争议的焦点主要在休学创业上。在此之前，休学被看做是一项不光彩的事情，但是现在国家却鼓励大学生可以采取休学的方式去创业。国家出台一系列政策刺激大学生创业，就是为了解决大学生就业难的问题，因为失业青年增多，肯定会引起新的社会矛盾。对于刚刚毕业的大学生来说，创业也是提供了有别于传统求职的新机会，毕竟理想的工作已经越来越难找了。所以，目前中国的创业大潮也可以看做是中国独生子女一代在就业压力下的一种主动求变的谋生。

二、媒体人的离职潮

“世界那么大，我想去看看。”这是2015年一位体制内女教师写的一封辞职信。这封信只有一句话，之后在网络上迅速走红。有的人离开是为了创业，有的人离开是为了进修学习，有的人离开是为了短暂休息。但无论什么原因，离开体制都是当下中国社会非常流行的话题。各行各业的每一个人都能够清晰地感受到一股不可逆的潮流——从体制内到体制外的人才流动。同样，这股风潮也影响着媒体行业的命运。近年来，最引人瞩目的媒介现象就是大量的体制内媒体人纷纷辞职。在这些媒体人中，不乏一些著名的主持人、导演、记者，当然也包括纪录片工作者。表4－1是2009—2015年辞职的知名体制内媒体工作者，这里面既有李咏、崔永元这样的中央电视台名嘴，也有像封新城、陈朝华这样的幕后主编。这份名单中并没有任何纪录片工作者，并不是因为在这期间没有纪录片工作者辞职，而是相对于著名的主持人、记者，纪录片工作者更加地默默无闻。在2017年，火遍中国的《舌尖上的中国》总导演陈晓卿从中央电视台辞职的消息引起了很大的震动。

表4－1　2009—2015年辞职的知名媒体人

序号	记者姓名	原供职媒体	媒体从业年限	离职时间	离职后去向
1	王利芬	中央电视台	15年	2009	创业，优米网创始人
2	刘东华	中国企业家杂志社	20年	2010.12.13	创业，正和岛创始人
3	傅剑锋	南方周末	11年	2011	腾讯大浙网总裁
4	高宏利	东莞时报	9年	2012.7	创业
5	简光洲	东方早报	10年	2012.8.30	创业，创立公关公司

续表

序号	记者姓名	原供职媒体	媒体从业年限	离职时间	离职后去向
6	马东	中央电视台	11 年	2012. 9	先加盟爱奇艺，后离职创办米未传媒
7	郎朗	21 世纪经济报道	10 年	2013. 3. 4	腾讯公关
8	王凯	中央电视台	8 年	2013. 3. 14	创业，自媒体“凯叔讲故事”
9	白燕升	中央电视台	20 年	2013. 3	香港卫视
10	李咏	中央电视台	22 年	2013. 3	高校
11	黄章晋	凤凰周刊	13 年	2013. 4	创业，“大象公会”创始人
12	徐洁云	21 世纪商业评论	7 年	2013. 7. 9	小米品牌市场总监
13	方可成	南方周末	3 年	2013. 7	高校
14	刘洲伟	21 世纪经济报道	13 年	2013. 8. 7	前海传媒 CEO
15	孙礼	解放军报	6 年	2013. 9. 23	咨询公司
16	王晓亮	华商报	9 年	2013. 11	创业，办培训班
17	罗昌平	财经杂志/财经研究院	13 年	2013. 11. 26	创业，优恪网创始人
18	王青雷	中央电视台	10 年	2013. 11. 27	不详
19	崔永元	中央电视台	28 年	2013. 12. 16	高校
20	徐沪生	外滩画报	不详	2014. 2	创业，“一条”视频创始人
21	李铁	财经天下周刊	5 年	2014. 3. 11	创业，逆戟鲸网络科技有限公司创始人
22	叶伟民	南方周末	11 年	2014	先在 ZAKER 做总编辑，后投身互联网金融行业
23	何超	今日咸阳报	8 年	2014. 6. 9	公司
24	刘建宏	中央电视台	24 年	2014. 8. 6	乐视体育首席内容官
25	王涛	中央电视台	11 年	2014. 8. 12	创业，北半球传媒创始人
26	麻宁	北京人民广播电台	5 年	2014. 8. 10	创业，城觅网内容和市场副总裁
27	刘建峰	独立记者	17 年	2014. 9. 17	不详

续表

序号	记者姓名	原供职媒体	媒体从业年限	离职时间	离职后去向
28	田颖	新京报	8 年	2014. 9. 18	创业
29	雷沛	湖南某纸媒	不详	2014. 9. 20	不详
30	张国栋	南方都市报/深圳广电杂志	13 年	2014. 10. 7	迪蒙网贷公关总监
31	江雪	华商报	17 年	2014 年底	独立媒体人
32	张俊彦	南方周末	不详	2014 年底	创业，醍醐艺术联合创始人
33	陈朝华	南方报业集团	23 年	2015. 1. 8	搜狐副总裁、总编辑
34	张力奋	FT 中文网	25 年	2015. 1. 14	高校
35	闾丘露薇	凤凰卫视	20 年	2015. 5. 22	高校
36	康少见	京华时报	12 年	2015. 6	腾讯
37	秦朔	上海文广集团，第一财经	25 年	2015. 6. 7	创业，自媒体“秦朔朋友圈”
38	封新城	新周刊	19 年	2015. 6. 18	华人文化产业投资基金首席内容官
39	黄长怡	南方都市报	10 年	2015. 7. 2	教育产业公司
40	杨柳	中央电视台	26 年	2015. 7. 24	中央新闻纪录电影制片厂
41	郭光东	博雅天下	15 年	2015. 7. 31	“饿了么”公关副总裁
42	张寒	新京报	10 年	2015. 8. 10	“今日头条”
43	胡赳赳	新周刊	12 年	2015. 9	“开始众筹”网站
44	朱建	都市快报	23 年	2015. 9. 9	创业
45	张泉灵	中央电视台	18 年	2015. 9. 9	基金公司
46	武卿	中央电视台	13 年	2015. 9. 14	创业，奇霖传媒
47	李洪洋	北京日报社	20 余年	2015. 11	美莱网副总裁
48	刘炳路	新京报	14 年	2015. 11	不详
49	曾湉	中央电视台	11 年	2015. 11	创业
50	龙志	网易	13 年	2015. 11. 28	创业
51	青音	中央人民广播电台	16 年	2015. 12. 22	创业
52	卞君君	新华社浙江分社	15 年	2015. 12. 24	出版公司

大批享有话语权的媒介精英选择离开体制，这也带来一系列连锁的群体效应。在他们的带动下，很多原本并不想辞职的中层员工，甚至是年轻的媒体工作者也产生动摇。在一段时间内，每天都有正式的新闻或者非正式的小道消息在传播，又一个知名或者不知名的媒体人离开了体制。有人开玩笑，“辞职好像是一件很有面子的事情，你能辞职说明你能力强，如果你还不敢辞职说明你不行。那些辞了职的人，和别人打招呼都很骄傲”。离开体制成了一种文化现象，似乎变成人的一种社会资本，代表着追逐梦想的标签。

那些成名于体制内的媒介精英，是体制成就了他们，但是他们最终选择离开曾经带给他们资源和名望的地方。为什么会有这么多著名的媒体人离开体制，甚至带动更多人辞职，以至于最后形成一股离职的风潮呢？辞职终究是个体的选择，但是在个体话语中，学者们能够总结一些规律。陈敏、张晓纯分析了传统媒体人的离职信的文本，解释他们的离职原因主要是传媒体制的禁锢、新技术的冲击、媒体经营的压力以及个人职业选择四个方面[①]。刘耿在通过访谈 12 名纸媒的主编及副主编，从媒介生态环境、自我实现和新媒体的冲击三方面总结媒体人转型的原因[②]；姜琳琳利用调查法指出传统媒体人离职潮的原因主要是传统媒体生态环境恶化、传统媒体前景堪忧、媒体人自我实现受挫、体制外机会增多[③]。

这些原因都是针对曾经在电视台、报社工作过的媒体人，但是对于纪录片工作者也是适用的。我曾经采访过一位从电视台辞职的纪录

① 陈敏，张晓纯．告别黄金时代对 52 位传统媒体人辞职告白的分析［J］．新闻记者，2016（2）．

② 刘耿．媒体人转型原因谈［J］．中国记者，2011（12）．

③ 姜琳琳．当下我国传统媒体人离职现象研究［D］．济南：山东大学，2015．

片导演，她的经历虽然个人化，但是给我们提供了更加微观的离职原因。

辞职前，陈乐是电视台纪录片频道的纪录片导演。她在一个叫做《梦想家》的纪录片栏目工作。这是一个周播栏目，成立于2009年，每期30分钟，内容是拍摄都市青年人的创业故事。

“刚开始的时候还是很快乐的，因为做纪录片一直就是我的梦想，我刚毕业嘛，栏目就直接让我上手做片子，单独负责一期节目，我觉得自己太幸运了。但半年后问题出现了，我总是有纪录片的那个情怀在，总希望一个故事能拍得久一些，剪辑的时间也长一些，我总想做精品，不想做行活儿。但是作为一个周播的栏目，它其实就是行活儿，我们的要求是按时播出，每周必须要有节目，节目也有一个固定的模式，不需要我有太多创造性……栏目不需要一流的导演，只需要三流的编导，按照一个清晰的流水线生产出标准化的产品。但我是学艺术的嘛，我根本不想去做流水线上的工人。”

陈乐并不是电视台的正式事业编制，她是和电视台的下属人才公司签的聘用合同。在辞职前，她的工资由两部分构成，一部分是每月人才公司发的1000元，剩下的是绩效。绩效是通过做片子的数量来考核，做一期片子陈乐可以拿到7000元。也就是说，只要通过辛勤的劳动，陈乐每个月就有税前8500元的工资。但陈乐的回忆说明远不止这么简单，“我们毕竟做的是纪录片，一期节目最快也要一个月才能出来。找选题、联系人物一星期，拍摄一星期，剪辑两星期，一个月就没了，这已经是最快的了。也就是说，我这一个月基本上不休息才能把绩效赚到。如果我想稍微休息一下，想节奏不那么快，我可能两个月才能作出一部片子，那我每个月平均下来才能拿到4500元。

在北京，我每月光房租就要花3000元，那我还怎么活呀。这还不算什么，最可怕的是，因为我总想拍得好一些，总想作出点作品，有时候就会拍得久一点，但是一期节目的经费就是那么多，就够你拍一个星期的，所以多出来的部分就是我自己掏了。记得有一次我拍了两个星期吧，最后这期节目做下来扣除超支的部分，我那个月拿到手的就1500元。最后是制片人觉得我实在可怜，又偷偷给了我1000元，他对我说，'年轻时都是这样的，我也是这么一步一步过来的'。我辛辛苦苦忙活了一个月，但卡里只有2500元，觉得自己实在是太悲惨了。你不要问我理想和面包你选哪一个？我哪有资格选择，因为我根本没有面包"。

改革前媒体中的"单位人"，不仅是劳动力的提供者，也是具有政治身份的权利主体，随着事业单位聘用制的实行，媒体人与媒体组织的关系被改造为企业化的雇佣关系，媒体人褪去了事业单位的政治身份，变为纯粹的媒体机构的劳动力。[①] 陈乐的媒体从业经历体现着一种劳动控制，这种控制表现在两个方面：第一，作为一种文化创意产品，纪录片具有极高的文化浓度，常常和个人的艺术表达联系在一起。这种个人的艺术表达与标准化生产之间始终存在着一种紧张的文化张力。为了缓解这种张力，体制内的纪录片工作者只能把做纪录片当做用专业技能生产出使用价值的一种文化劳动。第二，在雇佣关系中，媒体组织通过工资绩效把生存压力传导给个人。在这种压力面前，少数纪录片工作者的理想化气质使他们甘愿作出物质条件的牺牲，而更多的纪录片工作者则被媒体组织进一步"工具化"，他们只

① 夏倩芳．"挣工分"的政治：绩效制度下的产品、劳动与新闻人［J］．现代传播，2013(9)．

能像劳工一样更加拼命地工作挣钱养家，当然还有一部分人选择出逃。王哲平从“知识员工”的理论视角分析了近两年传统媒体人才流失现象，他认为知识型创意员工更加追求个人发展的可持续性，更加强调职场工作的自主空间，更看重事业成就的外在评价，更加关注知识成果的经济报酬，[①] 这也印证了陈乐最后的选择。“其实电视台对于年轻的创作者来说是一个很好的平台，能磨炼自己的技能，但是时间久了就不行。小鸟学会飞了肯定想要更广阔的天空。当你知道自己还能做更多、值多少钱时，你肯定就会选择更好的机会。”当劳务派遣公司和陈乐准备签订第二份聘用合同时，她没有签字，而是选择成为一名创业者。

第二节　接活儿的政治

一、家庭工厂

“我现在每天都过得很充实，因为我在为自己工作，我清楚地知道自己适合和喜欢什么样的工作。”

这是我第一次见到小宇，他向我回答作为一个自由职业者的感受时说的话。我见他的地方是在他的家里，这里也是他创办的时光工作室所在地。小宇留着长发，虽然年龄不大，但满脸胡须，一副艺术家的形象。当我说希望以他和他的合作伙伴为对象进行田野调查的时

① 王哲平，王子轩．从理论视角看电视人离职潮［J］．视听界，2015（3）．

候，小宇表现出对我的理解，他说，“我的工作和你的工作差不多，纪录片其实就是人类学，我的工作就是观察别人，你的工作也是观察别人”。人类学家和别人解释自己的工作时，总会面对别人的疑惑和误解。但是，因为纪录片和人类学的共同之处，使小宇非常明白我的意图，也让我的田野调查开始得非常顺利。

时光工作室创办于2014年，目前有小宇、金勇、晓光三位合伙人，以及一名员工小天。小宇是工作室创始人，他2007年来北京上大学，专业是艺术摄影。2011年6月大学毕业后，第一年没有得到任何工作机会，直到2012年4月通过社会招聘成为中央电视台的纪录片编导。在体制内工作2年后，小宇在2014年3月辞职，彻底成为一名自由职业者。他和朋友金勇、晓光搬到一起生活，共同创立了时光工作室。

金勇是时光工作室的三位合伙人之一，也是小宇从小玩到大的伙伴。他2005年来到北京上大学，学的是电视编导。2009年毕业去上海电视台工作。2014年在小宇的劝说下他辞了职，回到北京创业。

工作室的第三位合伙人是小宇的弟弟晓光。和小宇、金勇学的艺术类专业不同的是，他学习的是商科，2014年大学毕业后，他没有找工作，直接投奔自己的哥哥。

除了三位合伙人外，工作室还有一个助理小天。小天出生在西北农村，大学读的是当地的一所语言类大学。虽然读的不是影视类专业，但是他一直对电影很感兴趣。小天在一次拍摄中认识了小宇，并决定跟随他来到北京工作生活。

虽然共同的生活背景和志向让他们走到一起，但在工作室里，四个人的工作也是各有侧重的。小宇是导演，也是工作室的核心人物，他主要负责影片内容制作，他的角色既像一家制作公司的老板，也像是创作总监；金勇是制片人，他负责对外联络、商务谈判，并控制拍摄的成本，他的角色类似项目监理；晓光负责财务税务管理，工作室的日常杂事也是交给他处理，他就像是财务总监和办公室主管的角色；小天主要协助小宇进行拍摄和剪辑工作。目前，工作室主要是靠着承接外面的活儿来维持运行，这些活包括纪录片、广告、宣传片等。一般来说，小宇、金勇、晓光会利用自己的社会资源找活儿，这些活儿大部分都是通过熟人介绍的。作为制片人，金勇去和对方谈判，把制作合同签下来，他也会对拍摄提出具体意见，并规划拍摄内容。接下来，小宇和小天具体完成拍摄和剪辑的工作。在拍摄时，小宇既是导演，也是摄影师，他负责把控画面内容，小天是他的摄影助理。在后期剪辑时，小天先进行粗剪，再由小宇进行精剪、配乐、包装。在这个从前到后的过程中，晓光负责涉及钱的所有事情。

图 4－1　时光工作室的工作区域

相比于媒体机构的办公大楼，小宇的时光工作室隐藏在北京一个普通的五层居民楼内。这里充满市井气息，周围分布着菜市场、饭店，小型超市。我穿过狭窄破旧、贴满广告的楼道，来到工作室的门前。没有任何公司标识，第一次来的人根本想象不到门背后是一个生产纪录片的空间。穿过这道门就是时光工作室了。这是一个大概 180 平方米、上下两层的 LOFT。屋子里每层各有两个卧室和一个卫生间。当走近客厅，能看到左侧有一个厨房，但这里明显不是做饭的地方，里面堆满了摄影器材。客厅虽然有一台电视，却没有沙发，取而代之的是一排摆着四台电脑的桌子，这里是工作室的工作区域。下层的两个卧室分别住着小宇、小天。上层两个卧室住着金勇和晓光。

除去在外面拍摄的时间，他们的生活和工作就在这个 180 平方米的公寓内。看上去客厅是他们的工作区域，但是他们在这里吃饭，也在这里休闲看电视。有时候，他们会在客厅开会讨论问题，但是更多的时候，他们都是抱着笔记本电脑在自己的小屋里回邮件，或者打电话沟通。这里没有固定的工作区域，也没有固定的生活区域，工作区域和生活区域是合二为一的。时光工作室就像是一个家庭工厂，这里既是四个年轻人的家，也是他们制作纪录片的车间，他们不用租用专门的商务办公室，也不用去后期机房剪片子，所有的工作都在这 180 平方米的房屋内完成了。

相比于体制内的严格教条，自由职业者的工作确实相对散漫，这点在他们的作息时间上体现得很充分。我发现他们每天开始工作的时间都很晚，刚开始的时候有好几次我早上去工作室，发现根本没法进去，因为他们一般早上都在睡觉。所以我只能在外面瞎逛，等他们起床后给我开门。很多次，下午一点，我一个人坐在客厅的沙发上，看到他们四个人陆续慢悠悠地从房间里出来，去洗手间洗漱。有了几次这样的经历后，我就不在早上去了，索性下午再去他们的工作室。不过，一旦开始工作，时光工作室还是充满了创业公司的氛围。他们坐在电脑前拼命工作，到吃饭时就叫个外卖对付一下。如果是在进行纪录片的剪辑工作，小宇和小天一般会工作到凌晨三点，甚至通宵不眠。这种黑白颠倒的模式就是时光工作室的常态，他们基本都是在晚上工作，白天休息。小宇说，“我喜欢黑夜的感觉，在夜晚工作我更加兴奋，效率更高”。

时光工作室以家庭工厂式的小作坊把几个纪录片自由职业者连接在一起，像这样隐藏在居民楼里的家庭工厂比比皆是。在我田野调查期间，看到很多年轻的影视工作者都是以这种方式创业，志同道合的年轻人聚集在一起，他们节约了租用办公室的成本，享受在家工作的便利，作息时间黑白颠倒，也享受着自己掌控工作带来的自由。

二、廉价的代工

“我以前是在电视台工作，但是干了半年不到我就辞职了，就是不太喜欢单位的那种氛围，感觉不自由、比较压抑。我也处理不来那么复杂的人事关系。所以才出来自己单干。”

“我喜欢在家工作，简单轻松，我的很多朋友都为上下班问题苦恼。北京这么大，还堵车，要是工作的地方稍远点，每天光花在路上的时间就不少。我在家工作，多自由呀，不需要打卡，没有办公室的规矩，没有领导要求你，没有老板剥削你，我想干活就干活，想休息了就休息。”

"我不想重复父母那一辈人的路，进入一个单位，成为一个螺丝。我一直知道自己想要什么，这个目标没有变过，就是想拍一部能够真正影响别人的纪录片，要实现这个梦想，我就得掌握自己的命运，我自己做能更快地接近我的目标。"

以上分别是三位纪录片自由职业者向我描述他们成为自由职业者的原因。在他们的描述中，自由职业是一种充满浪漫色彩的自我实现。关于自由职业的理想化确实是一种全球性的主流论调。自由职业者是"反传统、极具创意、充满个人主义"[①]，他们的工作也总是与玩乐、自由、开放、休闲的美好想象相联系。当文化劳动被持续迷思化为一种先锋的创意经济活动，我们更需要透过这层光环看到自由职业者的劳动本质。

当纪录片工作者以个人身份投身于市场实践时，他们被重塑为掌握着创意、专业知识、人脉与名望等生产工具的受雇佣劳动者，以文化劳动的服务形式来换取报酬，但同时他们也成为可以被市场计算的劳工。任何机构、任何人都可以成为他们的资方，收买他们的劳动，但失去制度性保护的独立个人承担着劳动过程中巨大的风险和不确定性。哈里·布雷弗曼说，"在资本扩张的背景下，所有的雇佣合同都是一样，工厂里的工人和拥有知识的人，他们的命运没什么不同"。[②]文化创意的特征之一是文化消费者的口味无法预料、创意者与消费者之间的资讯不对等，生产充满高度不确定性，而使此产业成为一种高风险行业。为了解决这个问题，组织机构将创意、专业的技术任务以

① 理查德·佛罗里达. 创意阶层的兴起［M］. 司徒爱勤，译. 北京：中信出版社，2010：13.

② 哈里·布雷弗曼. 劳动与垄断资本——二十世纪中劳动的退化［M］. 方生，等译. 北京：商务印书馆，1978：27－32.

活儿的形式外包，利用处于廉价劳动位置的独立承包商来工作，并且会把投资风险分散给承包商。所以，以短期外包契约为形态的临时雇佣模式成为文化创意阶层劳动的常态机制。①

“我得生存下来，拿什么生存，就是不停地接活儿呀。我之所以还能够养活自己，还能够继续拍纪录片，那是因为我有活儿，这是我的面包。”

“我每天都和各种甲方爸爸打交道，打电话、发邮件，游走在各种项目中。有的活要谈成、有的活要结项，这其中全是辛酸泪，你知道我是一个导演嘛，其实我不太擅长做这个。甲方爸爸有要求，要做一个人物纪录片，只有简单的 brief，我就得顺着爸爸的想法做出来呀，策划、拍摄、剪辑都是我，我得一直想着他们到底要的是哪种感觉，有时候感觉我就是工厂里的工人，老板让我做一个柜子出来，我就做一柜子，我不能做一桌子出来。”

研究对象们口中的活儿，指的是项目专案，由出资方甲方（电视台、网站、政府部门、私人公司、个人）指定制作方乙方（导演）生产创作的视频内容，这些内容可能是纪录片，也可能是宣传片、广告、短视频等。在我的田野调查中，发现所有的纪录片工作者都不排斥纪录片以外其他类型的活儿，其中一位导演告诉我，“我接过的活儿很多，接过广告、企业宣传片，给网站剪过微视频。其实我更喜欢接摄影的活儿，因为短平快，费用当天结算”。

体制外的自由职业者要生存，就必须接受这种弹性的、灵活的劳

① Day, W. W. Commodification of Creativity: Reskilling Computer Animation Labor in Taiwan, In Knowledge Workers in the Information Society, eds. C. Mckercher & V. Mosco,［M］. Lexington Books. 2007: 85.

动关系，在这种劳动关系中纪录片工作者承担着代工的角色，通过签署短期的工作合同，他们成为甲方雇佣的文化劳动力，来完成带有甲方意愿的文化产品，最后换取自己的酬劳。他们的纪录片实践成了任务导向型的，及时劳动取代了及时供应，雇主与受雇者之间长期的合作关系被打破，取而代之的是永久的不安全感和被剥削感。如果是一位业已成名的导演，那么他在面对甲方的议价能力就相对强，但是一些资历尚浅的纪录片工作者就会面对资方的宰制。两位年轻的自由职业者就曾向我抱怨，“我也很无奈，我没有议价能力，别人给我多少，我就收多少。我不能和他们讨价还价让他们给我增加钱，我不能和人家说我做别的项目都是20万元的，你也要让我赚这个数目。因为我根本就没做过这个项目，所以我的生存状态真的是，如果我不接下来这个活，我连这2万元也没有了。鬼知道我这个月还能不能赚到这2万元了。就算我不接这个活，别人也会接的，你不接有人等着接呢”。

“像我这样的以个人身份接活儿的，其实很吃亏。我没有名气嘛，甲方很难直接找到我，往往一个活儿到我手里，要经过层层剥皮。像这个短纪录片，甲方和一个乙方制作公司签的其实是10万元，转到我这里，制作费只剩5万元了，除去各种人工成本、设备租赁，最后就剩下3万元。我生产出来的东西高价卖给别人，但我看到的利润少得可怜。”

虽然自由职业者的市场位置决定了他们被宰制的命运，但在田野调查时我也发现有时候他们会把活儿转给市场中更下游的人群，比如更年轻的导演，甚至是还在上大学的影视专业学生，而他们在层层转包中继续赚个中间价。自由职业的不安全感，逼迫这些从业者不停地进入一个又一个的雇佣关系中，为甲方服务取得酬劳。对于资本市场来说，代工机制的确减少了风险，但在不确定性减少的同时，利润也在层层削减，最后年轻底层的创作者承担了最大的风险，他们必须承受不稳定、低收入，以及琐碎化的工作。纪录片导演就是家庭代工，客厅即工厂，他们夜以继日地工作，并承担生产机器购置与维护的成本。①

关于纪录片是否能养家糊口，一直以来讨论不断。中国著名的纪录片导演陈晓卿和法国导演雅克贝汉有一段很有趣的对话。

陈晓卿："为什么我身边拍纪录片的人都那么穷？"

雅克贝汉："我身边有一对常年在非洲拍摄纪录片的夫妻，就是千万富翁。"

陈晓卿："他们是怎么做到的？"

雅克贝汉："原因很简单。因为他们本来就是千万富翁。通过纪录片赚钱，我看不出来。纪录片赔钱，我可以举出很多例子。"

以上的对话发生在一次公共论坛上。纪录片在全世界都不是赚钱的生意，这基本上是影视行业的共识。在中国，体制外的纪录片市场更是举步维艰。两届金马奖得主周浩说，"能够在这行坚持下来的，只能是真正喜欢纪录片的人，就好比吸烟的人，没有人会因为穷而戒烟，当纪录片成为你自己的一种嗜好，你才会不顾一切去投入。我进入这个行业的时候已经33岁，当时我阅历已经比较丰富，人格也比较成熟，也有了一定积蓄，我是想明白了自己要干什么才去拍纪录片的。对于年轻人，我只有一个建议，30岁以前不要拍纪录片"。②

---

① 张钊维．作为一种文化产业的台湾电视纪录片制作环境——一个初步的参与观察与反省［J］．电影欣赏，2002（3）．

② 苗正卿．周浩：30岁之前，别拍纪录片［J］．财经天下，2015（12）．

另一位拍摄《大路》的导演张赞波说，“我前几年的拍摄几乎没有收入，我对生活也变得越来越简朴，我对物质的欲望降到最低，我感觉我赚钱的能力也像我身体的阑尾一样被摘除了，我没有干过一个商业性的活儿，完全是靠以前工作时候的积蓄支撑到现在，尽管已经捉襟见肘，从物质上来讲，我是一个十足的loser，我来北京十多年了，至今无房无车，最大的宝贝就是这台破摄像机，当然还有一台同样老旧而破烂的用来剪辑的iMac，它的速度慢得像蜗牛，刻一张盘往往都要花一个下午。”①

相比于前两位导演的悲观，《犴达罕》的导演顾桃的表达更加积极，“我做片子有10年了，现在外债还有10万元，但一点也不着急。你干任何事情，如果是以挣钱为目的，你挣到的那就不是钱。所有做纪录片的导演，很少能有赚钱的，发财的更不可能，因为你这部拍完了得到一点收入，马上又投入下一部的拍摄中。但是很多题材等你终于写方案筹到钱了，你要拍的人就没有了，比如最后一个做马头琴的老人，你这边准备好了，那边人家可能都去世了。所以你想拍什么，就马上去拍，你总有一口饭吃，别老想着挣钱。千万不要去做别人期望你去做的事情，而要找到自己真正热爱的想干的事业，那将是可以干一辈子的事业，而不是一份挣点工资的职业。我一直到35岁才反应过来自己真正想干什么，所以任何时候都不晚”。②

需要说明的是，以上三位导演都是中国目前在体制外有代表作比较有影响力的导演，但是从他们的表述中，我们能感受到他们所得到的经济回报很难匹配上他们在行业中的声望。如果连这些明星式的纪

① 摘自张赞波演讲《一台破相机打开的世界》。

② 刘雯．纪录片《犴达罕》：记录鄂温克族消失的狩猎时代［N］．长江商报，2014－03－14.

录片导演都不能通过自己的劳动获得相应的经济回报，很难想象更多的不知名的导演，特别是青年导演的生活状况会是怎样的。

三、被宰制的文化劳动

随着资本对文化市场的深入控制，艺术创作者、文化工作者成为文化劳工，他们不得不用自己的劳动为资本服务换取相应的酬劳。在这个劳动过程中，资本对人的宰制是显而易见的。

上文中提到时光工作室里的小宇和金勇，他们的英语非常好，这个优势让他们更容易接触到国外的公司。根据我的观察，时光工作室接的大部分商业项目都是国际合作项目，这种项目的甲方来自西方的国际公司，他们需要在中国当地进行纪录片或者广告取景，所以这些国外公司会指派经验丰富的制片人来到中国，在中国当地挑选优秀的从业者组建摄制队伍完成项目拍摄。其实，这也是一种跨国文化劳动的外包模式，国外的制片人控制创作的全过程，具体的拍摄由中国团队来完成，时光工作室就承担了大量这样的拍摄工作。例如在加拿大的项目《金矿》中，小宇作为摄影师，小天作为助理为制片人史密斯工作，他来自加拿大一家有名的纪录片公司。在这个项目中，小宇、小天与史密斯在中国西北的矿山中工作了一周时间，小宇的日薪是800 元，他最后得到了5600 元的报酬。小天的日薪是400 元，他最后得到了报酬2800 元。他们俩都非常满意，因为这一周他们增长了经验还有不错的劳动报酬。但是我们依旧可以看到中国体制外纪录片工作者在国际文化劳动分工下的卑微位置。史密斯对我说，“虽然我是加拿大人，但是我真的不想请加拿大的摄影师来中国拍摄，他们不懂这里的语言，不懂这里的文化，而且你知道他们太贵了。他们每天只工作 6 个小时。我喜欢小宇和小天这样的中国纪录片导演，我们合作非常愉快，他们很有天分，非常勤劳”。

史密斯之所以选择同小宇和小天合作，除了认可他们的专业能力外，更重要的是相对于西方的纪录片工作者来说他们更加便宜，能够忍受高强度的工作。虽然这种国际合作的项目对小宇来说是一个好机会，但是他依然难以摆脱国际文化劳动中廉价代工的角色。像小宇这样的中国纪录片导演，其实就是国际公司的雇佣兵，他们拍摄的中国故事，会被制片人带回加拿大完成后期制作，并在西方媒体播出，主要的消费者也是西方观众，而他们根本看不到自己的作品在哪里播出，也没法享受这部作品带给他的赞誉。中国就是一个大的代工工厂。在这个工厂里，有像小宇这样的大批文化劳工，源源不断地生产纪录片并销往全球。在这点上，小宇确实和在中国深圳为苹果手机代工的工人处在同样的经济位置中。制作苹果手机的中国工人，他们忍受着加班，领着低廉的薪水，生产着销往全世界的苹果手机。前者是文化劳动者，后者是体力劳动者，他们在市场中的位置其实是一样的，无论是文化创意行业还是制造业，中国同处在国际分工的边缘位置。学者米勒等人提出文化劳动的新国际分工。[①] 在西方，文化财团的范围扩大与周转速率加快，如今企业都在寻找缝制鞋子更便宜、能以超低价雇佣电影工作人员的地方。文化产业的劳动过程已经日趋全球化了，而且正是企业享有剥削低廉劳动力的自由，才大幅支撑了西方经济脉络中文化产业营收的快速成长，以及工艺生产的消退。西方

① T. Miller. Global Hollywood 2. [M]. British Film Institute Publishing, 2005.

的政府骄傲地说，本国的音乐、软件、电影与时尚产业在开发与汲取全球市场上的效率与能力。[①] 与此同时，我们注意到，非西方的工作者屈服于越来越国际化的支配与剥削所衍生的后果。我们也能在许多报道中看到，如今在许多地方（中国、印度尼西亚、土耳其、孟加拉国、印度），底薪、保护不足的工人，专门为了西方企业与消费者的利益，生产最新潮流的运动鞋、T恤、裤子，制造DVD和CD，协助拍摄电影。[②] 文化工业如今已经扩大到能够在前所未见的全球尺度上进行剥削、异化与抢夺劳动力的地步。

虽然在国际合作中，时光工作室仍然遭遇着被宰制甚至剥削的命运，但是以小宇为代表的工作室成员从来不认为自己被剥削，相反，他们看重这样的机会，并积极争取更多这样的机会。在这里，文化工作者对于资本的控制有一种微妙的主动迎合，在资本剥削他们的同时，他们也形成一种甘愿自我剥削的意识。关于这一点，我们将在下一节着重论述。

在我的田野调查中，关于制作方的权益受到侵害的例子十分常见。2012年，纪录片工作者李玉然接了一个给A市政府做的讲述该市历史文化的纪录片。项目的甲方负责人让李玉然先写一个策划案，要求包括纪录片的创意、脚本等细节，然后再签合同。这个政府项目对于刚成立公司不到两年的李玉然来说很重要。为了完成策划案，他去图书馆查资料，也采访了一些专家，先后用两个礼拜写出一个两万字的策划案。但是自从他把策划案通过邮件发给甲方后，就再也没有收到答复。李玉然每次问甲方对策划案有什么地方需要调整，甲方都

---

① 马克·班克斯．文化工作的政治［M］．王志弘，等译．台北：群学出版社，2015：62.
② Klein, N. No Logo. ［M］. Flamingo Publisher, 2000.

是说领导在看，有意见了回复你。2014 年，这个纪录片在电视台播出了。虽然片子最后的内容和李玉然最初的策划案没有什么联系，但是李玉然还是觉得很委屈，他说，“他们应该是最后找了别人做了。不过我也付出了前期的劳动，不仅没有支付给我任何费用，也没有告诉我换了导演的情况。我觉得我的劳动根本没有得到尊重，真是吃了一个哑巴亏。从那以后，我再也不会在没签合同的情况下给别人写策划案了。我也学会了保护自己”。

纪录片工作者孙登辉 2016 年接了一个火锅店宣传片的活。前期拍摄加上后期，一共用了 20 天，孙登辉很快就按照合同的要求完成了所有的制作工作。甲方公司在看了成片后却质疑为什么片子中没有出现火锅店一位副总的镜头。孙登辉只能重新拍摄这位副总的镜头加到片子里。但是甲方又提出新的意见，老板喜欢蓝色调，所以片子中出现的动画特效要全部做成蓝色。孙登辉赶紧联系特效师加了两天班，完成修改。不过，甲方还是有新的意见，觉得现在 5 分钟的时长太长了，希望减少到 3 分钟。孙登辉只能再去找剪辑师，重新剪辑了一遍片子。孙登辉说，“其实这个宣传片一共预算也就 5 万元，但是最后我都不知道改了多少遍。没办法呀，因为只有让甲方满意，我们才能收到尾款。所以只要人家提出意见，不管是什么意见，我们都得改，还得赔着笑脸。这个项目做得太辛苦了，其实是一个小活，但是前后折腾了半年时间，尾款一直拖着，修改的过程很漫长，最后甲方可能也觉得不好意思了，就给了我一些火锅券当做补偿”。

以上的两个案例是在整个文化产业（如广告、图书、电影）中，文化劳工经常要面对的问题。因为文化劳动的特质——并不能产生实实在在可供使用的物质产品，而是更加虚无缥缈的精神消费品，这就决定了文化劳动的劳动难度很容易被低估。一旦进入商业合作的项目中，乙方经常会被资方轻视："你的想法值几个钱""这个不是我要的感觉，你再改改"，这些都反映了文化劳动的不被尊重和压榨。这样观念的形成对劳动者本身就是一种控制，似乎他们就应该不计代价地提供脑力劳动，因为脑力劳动也没有什么成本。大部分情况下，因为需要用劳动换取报酬，文化劳动者只能默默承受这种剥削，但是当甲方的剥削超过了他们的忍耐限度，矛盾就会产生，劳动者的激烈反抗也会发生。以下是 2016 年 9 月，有一篇名为《某云爸爸，做慈善也得讲信誉》的文章在网络上热传，这是一个署名为一名年轻的纪录片导演写给某机构总裁某云的投诉信，在这封信中，这名导演详细描述了他是如何被一个叫做"某云基金会"的组织欺诈的事实。我把信中的部分信息展示出来：

"某云老师，您好。

我是一名独立纪录片导演，20 来岁。偶尔化身乙方，接一些公益组织的视频制作谋生，虽然钱不多，但我一直觉得和公益有关的都是好事儿。可直到这一年，遇到您的某云公益基金会，我的观点有所改变。

为了更好地服务中国公益事业，某云公益基金会是您在 2014 年成立的个人基金会，这是亚洲最大的慈善基金之一。去年贵组织乡村教师项目找我拍摄三部短纪录片，后拒绝履行合同拖欠款项 9 万元至今。在中国，甲方拖欠或者克扣款项乙方都不会有太多纠缠。为什么？因为乙方害怕得罪甲方影响业务，所以我们也很难看到乙方状告甲方的事件。作为事件中的乙方，诉诸法律手段，除了耗费我更多的财力和精力外，对我没有半点好处。走到这一步，实为无奈之举。

时间退回到2015年。这一年，基金会连续两次主动找我，因为看过我的作品，喜欢我的风格，协议签署也非常顺利，多次表示会给我创作空间。可这种空间，我事后才明白，即不参与实际工作。

在项目确认后，我所有前期准备的要求均被基金会忽视：首付款没有及时到位；对自己确认过的策划内容完全不熟悉；我强调多次的实地调研不予理睬，多次催我赶紧完成拍摄。纪录片的拍摄需要很充分的前期工作，我在当面、邮件、微信中强调过多次，可始终都没有被认真对待。被催促进入拍摄现场，完全是我不得已而为之。在合作项目确认后，若甲方对乙方的建议毫无理睬，乙方通常无能为力，这似乎是整个行业的现状。

在项目实行中，多次强调预算不足，不允许我带工作伙伴，同时基金会也没有任何工作人员在拍摄现场参与哪怕一秒钟，而所有的执行地点都是在距市区几百公里外的山村。在漫漫行程中，我一个人除了要背着摄影器材和登山包，还要沿途拍摄，同时还得顾着塌方山路上前后10米内的翻斗车，小心不要摔下前两天刚死过人的悬崖。

虽然前期拍摄困难重重，但是我还是如期在2015年12月底提交了三部短片。但是，基金会以审片不过为由拒绝验收。基金会提出的修改意见基本上是不能修改的，其中竟然还包括用胶片摄影机重新拍摄这样离谱的意见。

我很清楚，我作为项目中的乙方，无论怎样应在有限资源内让客户满意。关于前期中期后期遇到的困难我尽量克服；不满意视频，我按照意见修改；改了不满意，我再继续沟通需求！可我太天真了，现在想起来，无论我如何尝试解决问题，基金会从头到尾都没有认真对待过此事。

2016年3月9日，我提出按照劳务成本结算5万元的工作费用结束项目。受到基金会侮辱性的1万元提议，以结束前后长达半年之久的项目，被我拒绝。3月底，我委托律师发送了律师函。原本以为，前中后期的困难是公益组织没有太多创作型合作经验导致，而法律手段可以让某云公益基金会的工作人员第一次认认真真地坐到台面上把事情谈清。完全没想到，这家庞大的基金会面对法律完全漠视。

2016年6月，收到律师函三个月，基金会委托的律师才联系我们，来北京当面沟通。整个下午都在兜圈子不进入主题。第二天，我给该律师名片上的律师事务所打了个电话，震惊地发现是个空号！我又从网上找到该事务所电话，打去竟然被告知没有这个律师！一家正规基金会，聘用律师无故消失、提供假信息，这种事连我的律师都头一次听说。气愤的我只能给基金会负责人发微信，发现他已经把我删除了好友。

我想问：是否某云老师、某云公益基金会还有贵机构的整套企业文化都秉承了不尊重原创工作者的风格？如果连今天的公益巨头都要无理克扣合作伙伴应有的劳动成果，那还有谁敢为公益事业做奉献？我清楚，文章未必能最后到您那过目。我也清楚，即便有回应，也一定出自强大的公关之手。但我更清楚，若是走到这步都不站出来就更不对了。您还说过，‘有很多东西是错误的，需要有人去改变’。我希望这封信最终能被您看见，也能为某云公益基金会未来的工作带来改变。

一名年轻的纪录片导演”

这封信所表述的事实，给我的田野调查提供了丰富的信息。遗憾的是，当这封信在网上传播几天并得到大家的关注时，突然遭到网络封杀。从此，网络上再也没有出现过这封信的内容，这件事情最后是怎样解决的，更是不得而知了。从这个导演的控诉中我们可以看到，一个体制外的纪录片导演在面对强大的资本力量时，从开始策划的阶段到最后验收的阶段每一个环节所承受的不公。我想，但凡有解决的办法，这名纪录片导演都不会以这么鱼死网破的方式去维权。他所经历的遭遇是一个个案，但是他所描述的现状是任何一个体制外的纪录片工作者都感同身受的。为了生存，他们只能接一个又一个活儿，接受价格低廉的合同，并承受超负荷的劳动。他们的劳动过程经常会被漠视，成果也经常以资方不满意的各种奇怪原因而被拒绝。失去体制的庇护，他们的个人力量与资本巨人相比，实在太渺小。可以说，资本对文化工作的控制是全方位的，在这种控制中，自由职业者的解放更是遥不可及的梦想。

四、矛盾的弹性工作

自由职业者以接活儿为生，活儿的多少成为他们头等考虑的事情，这种生存压力便会直接传导给个体劳动者，影响着他们的社会行为。“自由职业就是要自律吧，必须勤奋努力，要不然真没饭吃。”“在单位我还可以偷个懒，干多干少反正我每个月都有工资，但是现在我压力挺大的，经常会失眠。”“没有活的时候，我挺慌的，这时候只能吃老本。”这种压力和不稳定感对于多个自由职业者组成的工作室尤其明显。一位工作室的负责人对我说，“我得养团队呀，我下面还有两个人，我要是一个人做这件事，怎么也饿不死，凭手艺赚钱嘛，但有了团队就不一样，电费、房租、设备损耗这些成本更大了，确实增加了很多压力，意味着我们都得加倍付出，更努力才行，我之前都不找活，一般都是活来找我，都是熟人朋友介绍什么的，但是现在不一样了，我更主动，看看哪里有什么机会，大的项目。你看我的朋友圈都是我的工作状态，告诉别人我正在做什么片子，其实是给自己打广告，你得学会推销自己。真的累啊，说实话我现在都不敢休息，我感觉休息就是一种浪费”。

当工作全面入侵并蚕食私人生活，透过自由职业被建构出来的自由，所有的纪录片工作者都表达出对此的身心俱疲，一位导演说，“以前在家就是休息，现在除了拍摄，我有大量的前期准备和后期剪辑工作都是在家完成。很难分辨我在家里是工作还是休息。其实可以这么理解，除了睡觉我好像没有什么休息时间。因为我的工作和我的生活完全成为一体，我无时无刻不在工作！你看我躺在自己卧室里休息，其实我可能正在回工作邮件，我今天没有什么成果，其实我一直在想着之后的拍摄”。

理查德·佛罗里达定义自由职业者不会永远地脱离工作。他们无法严格区分工作、家庭和休闲，带着笔记本电脑坐在咖啡馆中的人是在工作还是社交呢？[①] 同样，当纪录片工作者被市场定义为一名创意劳工，他在一天中 24 小时的每一分每一秒都成为可以衡量的资产。劳动力的贩卖是附着于生命体的有限资源，没有自然时间的折损就没有回报。为了获得收益，他们成为社会工厂中自我管理自我约束的劳工，在向前的齿轮上不得停歇。自由职业的所谓弹性时间意味着工作时间的不确定，这使自由职业者处在一个自相矛盾的境地，很容易面

---

① 理查德·佛罗里达．创意阶层的兴起［M］．司徒爱勤，译．北京：中信出版社，2010：180.

临缺少工作和超时工作的危险。缺少工作意味着经济格外拮据；超时工作，则会精神紧张，心理疲惫。[①] 在家庭工厂内，自由职业者无论从空间和时间上，已难以区分工作和休息。他们看上去似乎可以自主安排工作和休息的时间，但却陷入无时无刻不在工作的逻辑中。

除此之外，接活儿更让纪录片工作者陷入一种普遍的思想和行为的分裂当中，“我对于自己的定位就是纪录片导演，但是我确实要做活儿，这里面有部分是纪录片，但是更多的其实和纪录片也没关系，比如我最近会拍广告，确实能带来物质上更多的收益，但是连着做了几个广告，会让我觉得我不是一个纪录片导演，这让我有点困惑。这种状态很容易让自己迷失，没有方向了，好像就只是赚钱了”。

“一半是海水，一半是火焰的感觉。这是我们做纪录片的悲哀，也是一种无奈吧。我没有办法拿我热爱的东西来养家糊口。我现在的状态就是用活儿来养纪录片，就是拿别的商业项目挣的钱，再投入自己热爱的事情中。我分得很清，哪些东西是自己的事，哪些东西就是为了纯赚钱，这两个在我心中的位置是不一样的。”

在田野调查中，研究对象们都认同自己纪录片工作者的身份，但是在他们的工作中确实充斥着大量的非纪录片部分，甚至是完全和创作不相关的工作。因为纪录片的商业回报低、耗时，决定了体制外的纪录片工作者很难只做纪录片。他们一般会寻找一些报酬很好的活儿，用最短的时间完成这项工作，然后再把大部分的精力投入纪录片创作中，所以他们的工作既有自我实现的部分，也有为了谋生的部分。虽然创作者会把这两者分得清楚，但在实际的生活中，两部分往

---

① E Brophy，G de Peuter. Immaterial Labor，Precarity and Recomposition，In Knowledge Workers in the Information Society，eds. C. Mckercher & V. Mosco [M]. Lexington Books，2007：182.

往相互缠绕，成为无法拆解的一个整体。这种“一半是海水、一半是火焰”的双重生活，有时候就会相互影响。一位导演对我讲了他的尴尬，“拍摄纪录片要占用很多时间，那就没有时间接活儿了。一旦接很多活儿，必然又会压缩拍摄的时间，两者之间很难平衡。而且也不是说等空闲的时候活儿就会找上门来任你挑选，而是你在拍片的时候来活儿了，‘不好意思，我最近在拍片没法接’。之后你闲了，又盼着活儿来，但没有，这就很尴尬”。

也有一些纪录片工作者对于接活儿持开放态度，“有的纪录片本身就是个活儿，活儿也可以成为我要拍的纪录片”。在田野调查中，自由职业者米杰的个案可以体现接活儿的另一种可能性。米杰一直在拍摄一部个人化的纪录片作品，剩下的时间她都在非常忙碌地奔波，游走在各个城市接活儿。她没有固定住的地方，哪里有活儿，米杰就去哪里，所有家当都在一个旅行箱里。她说，“刚开始的时候我就只拍我的纪录片，一心想把这件事做好。那时候我和我爸妈的关系很紧张，他们觉得我有点走火入魔了，我们经常吵架。后来我慢慢接活儿了，有了经济独立的能力了，他们再看我就不一样了，感觉就会好很多，他们就更支持我做纪录片了。我觉得接活儿对我来说太重要了，不仅是经济上的，它让我能发展自己的事业，能让我从长时间自我创作的沉溺中抽离出来，有一个短暂的逃离和中断，是一个很好的调剂。我认识的很多人都是通过接商业上的活儿认识的，好的制片人、剪辑师什么的，反过来这些资源对我做自己的纪录片很有帮助。如果我拒绝接活儿，我就一直苦哈哈地做我的纪录片，我想会很难拍摄这么久的，持续不了的”。

通过在田野中对自由职业者们的体察，可以看到他们在自我实现和生存需要之间的挣扎。他们所面对的劳动条件大同小异：过劳工作、不稳定且过低的收入、缺乏社会保障机制等。转型社会中资本逻辑的渗透对文化劳动者的劳动控制，直接体现在雇佣关系中避免不了的宰制，也间接体现在自由职业所谓弹性的系统性结构问题上。但是，我们从上文中米杰的个案中又可以看出一个劳动控制的复杂性，商品化的劳动使自由职业者很难把自我实现与生存需要完全对立开来，在资本驱动下，它们之间必然是共生关系，一方面自由职业的职业逻辑控制着从业者，另一方面从业者也积极努力地去回应这种控制，他们已然适应了这种市场律令，不再是被动的控诉控制的客体，而是主动积极地迎合控制的主体。自此，一种自我的控制呈现出来。

五、规训下的自我控制

马克思的政治经济学研究路径，让我们理解文化工作的场域中不对称的权力关系，逐步向自由劳动力身份靠近的纪录片工作者毫无抵抗的力量，接受劳动的控制。这种二元的权力理论固然有用，但也有所局限，尤其是它忽略了权力施展的机制中也包含着文化工作者个人主体性的表现。福柯的权力观点认为，权力并非只由上方强制施加，而是始终流通于社会系统中的，它以分散多变的形式在日常空间中运作，体现在平凡行动者的实践、需求和欲望之中。[①] 这种观点弥补了批判理论消失的主体性，强调一种权力的控制要成功，需要工作者某种形式的规训与自愿配合，而这种规训也打破了二元对立的关系，让

① Foucault, M. Afterword: The Subject and the Power, In Michel Foucault: Beyond Structuralism and Hermeneutics, eds. Dreyfus, H. and Rabinow [M]. Harvester Publishers, 1982: 208 - 226.

控制不只是来自外在的市场条件，而是混杂着自我控制的成分。

回归到纪录片工作的文化场域中，所有的自由职业者都积极进取地工作着，他们一边承受着不稳定的市场环境，一边行使着自我管理与自我运作，并努力迎合市场的期待和规范。例如前文中“听甲方爸爸的话”“逢人便自我推销”“别人给多少，我就拿多少，不会讨价还价”都是在体现一种自由职业的进取式价值。个人对市场的迎合其实也进一步淡化了权力运作的痕迹，让自上而下劳动控制变为资本与个人之间你来我往的互动。以下是两位导演对我说的话：

“有很多活儿都会来找我，原因很简单，我不会狮子大开口，同样一个活儿给我，我肯定会价格低一些，我愿意承受这个。我觉得做我们这一行的不能太计较，你要太在乎很多事情可能别人就不找你了，因为很多工作关系都建立在人情上。这次得到的回报少一点没关系，因为这些事都是我喜欢做的事，我觉得先把事做好，我相信下次就会有更大的回报。”

“有一些比较好的机会，或者有比较好的平台，我会很看重这种合作，得不到报酬我也要做，只要能参与就行。曾经有个国际项目的制片人找到我，让我做一些制片的工作，但是没有钱，我也答应了。权当学习了，那几个月我真是一分钱也没有，完全是硬扛过来的，但我知道受的苦都是值得的，我还比较年轻，只要是我认定的有价值的事情，我拼死命都会去做，根本不会计较经济上的得失。”

为了生存和自我实现，自由职业者积极主动地形成一种自我控制的文化，在这种控制下，他们规训于市场逻辑，视压榨自我的进取式文化为获得意义和价值的唯一机会，由此忽略甚至否认劳动过程中可能遭到的剥削和不公。以上的案例并非特殊，很多较为年轻的自由职业者为了参与大项目而忍受着不合理的劳动条件，在低薪或者无薪的工作中越战越勇，以一种奉献与热忱进行自我剥削。在田野调查中，我听说过太多导演为了完成自己的梦想，各种不计代价地拍摄纪录片的传闻，虽然类似卖房卖车、借钱拍片的极端案例并没有出现在我的研究对象们身上，但他们自掏腰包完成纪录片拍摄是非常普遍的现象。因为纪录片的故事都是当下正在发生的现实生活，所以当导演发现了有价值的故事但是没有投资的时候，大部分人都会选择开始拍摄，而前期发生的这部分费用自己先垫付，之后再去寻求投资来填补亏空。但残酷的现实是，并不是所有的纪录片都能够找到投资，如果想在市场中取得投资，就更加需要自由职业者驯服于严苛的市场规则。

我之前提到的自由职业者小宇，他之前两年一直在拍摄一部纪录片，并积极地参加各种提案会来推销自己的这部作品。提案会是流行于欧美纪录片市场的买卖平台。在这里，导演公开向决策人也就是潜在的投资方展示自己正在制作的纪录片，以吸引投资或者解决播出问题。提案会有明确的规则，导演需要在台上陈述故事、播放片花，并回答台下决策人的问题，这个过程一般不超过 15 分钟。近些年这种模式也逐渐在中国兴起，参加提案会的决策人大多是来自国外的制片人、播出机构代表、基金会负责人，这也给青年导演们难得的机会。在我进行田野调查期间，小宇分别去过中国成都、广州、台北，荷兰阿姆斯特丹参加提案会，他对此的态度非常积极，“提案对我的帮助太大了，它给我打开了一扇门。因为拍纪录片是一件很漫长孤独的事情，有时候拍着拍着走到了死胡同，不知道怎么办了。但当我换一个环境把我的故事和别人分享，让大家看我拍的素材，这本身就是在帮我厘清思路。在这里我感受到公平，对于我这样的年轻导演，没什么人脉也没什么资历，但通过提案很多国际买家、制片人、导演都认识了我，知道我在做什么，我可以直接和全世界最好的纪录片人对话，如果我还在电视台工作，是绝对不会有这种机会的”。

图4－2　纪录片工作者正在参加提案

为了在提案会表现出色，小宇精心地做着准备。他一遍又一遍修改着片花，使它更具观赏性。在每场提案前，小宇都把英文的提案稿打印出来，一字一字地背下来反复练习。不到一年，聪明勤奋的小宇就变成提案高手，他很清楚在台上先说什么后说什么，该怎么回答决策人的提问。虽然他的提案每次都获得最多的掌声，但是实质性的投资并没有立刻到来。一位纪录片制片人对我说，“现在美国、欧洲的经济都不景气，各个电视台的预算都在缩减，决策人都不傻，他们怎么会轻易地把钱就给你呢？”对于提案这种形式，小宇也持谨慎态度，“提案就是一种游戏，这种游戏的规则是非常清晰的，你要去玩这个游戏，就必须按照老外的规矩来，这其实很合理，毕竟人家要出钱嘛。所以我描述自己的片子，免不了要符合他们的口味，满足他们对中国故事的好奇吧。但作为导演，我是比较清楚的，他们提的那些意见大多是从欧美观众的角度出发，很难讲对你片子本身是好是坏”。

在一次提案现场，我见到一位非常痛恨提案的纪录片导演，她对我说，“说实话我觉得很傻，很多导演都在台上故意把故事说得很猎奇来迎合决策人，我觉得这种虚伪和钻营与纪录片的精神有很大背离”。当我问她为什么还来参加提案，她说，“我们难道有什么选择吗？这应该是年轻导演找钱的唯一渠道吧”。

图 4－3　小宇正在接受决策人的指导

在参加多个提案会和多次谈判后，小宇的纪录片最终得到一家海外公司 15 万元的投资。这其中，5 万元是小宇的导演费用，余下 10 万元用于后续的剪辑、音乐制作、商务开发等用途，而这些环节都由公司管理把控。合同里也规定，纪录片将来产生的版权收益也和导演没有关系。虽然 5 万元的导演劳务无法涵盖小宇前期拍摄的支出，但是他对经济上的条款根本不在意，“我觉得我实现了梦想，这是真正在做纪录片，和专业的人合作，我的纪录片会发行，会有观众。我正在做的就是我喜欢的事情，我完全不会在乎有没有回报，回报是多少。在这个阶段我必须要经历这些吧，我真觉得没什么”。

一种成名的想象足以使工作者否认劳动过程中的艰辛不易，掩盖其间的控制因素。工作者将为梦想献身的想法带入竞争的市场，认为只有受苦才能成就更大的梦想，也更进一步导致他们陷入自我榨取的境地。虽然小宇的成长故事可以看做是通往成功之前短期内必须要忍受的阶段和付出的代价，但是在现实中像小宇这样能得到一笔投资的实属少数，大部分人还是继续怀揣梦想，以接活儿为生。随着从事自由职业年限的增加、经验的增多，他们的工作条件并没有得到明显改善。至于为什么还没有成功，他们又会呈现另一种自我责备——“我还是没有才华”“我不够努力”“我还是缺少经验”。正如贝克所说，“现代社会的结构性问题是社会的产物，只不过应付这些问题的责任落到原子化的个体身上。社会问题直接转化为心理问题，成为人的焦虑、内心冲突和精神官能症。”①

全球化背景下个人并不是无拘无束的单一个体，反而与他人、世界网络及各式各样的制度有着越来越密切的关联。在这种情况下，个人无法全然根据自己的意志决定或者形塑个人生活，如此一来，伴随着与日俱增的个体化而来的所谓自由就变得很不稳定。纪录片工作者的话语向我们展示了劳动的控制如何持续重塑劳动者的自我行为。作用于这些文化工作者身上的劳动控制，不是通过强力的宰制，而是经由主体化的进取机制，渗透社会再生产的制度中，并作用于日常工作的自我调节中。我们看到了消极的工作者成为积极的主体，劳动者不

① Beck, U and Beck - Gernsheim, E. Individualization [M]. Sage Publishers, 2002: 24.

是被迫投入热情的，反而是自己选择这么做的。在《制造同意》一书中，布洛维试图解答“资本主义工厂的工人们为什么那么努力地工作?”他指出，“工人们没有激烈的反抗，反而积极地卷入“赶工游戏”中，这种同意是资本微观劳动过程和宏观结构安排等因素制造出来的同意。在这种默契下，工人们只有自我控制并承受剥削。[①] 当我们把视线从血汗工厂转移到当代文化艺术场域中，也能发现隐藏在劳动过程中的自我控制。布尔迪厄将场域比喻成一种社会游戏，即游戏者拥有不同大小的牌，他们可以根据游戏的变化出牌以谋求最大利益，牌是场域中人们因所处不同位置所占有的资本，而资本又细化为经济资本、社会资本、文化资本、象征资本。[②] 在这个充满了斗争、协商和再创造的场域中，成名的导演往往占有更多的资本，他们拥有更多的话语权，也对自己的作品享有相对多的控制；但年轻的自由职业者，无论哪种资本的占有量都使他在这场游戏中处于无力抵抗的同意境地，而这种同意更加形塑和巩固了彼此在这场游戏中的权利关系。从某种程度上，即使这些纪录片工作者实现了自己的梦想，但是他们还是没有逃脱文化劳动的代工命运，进一步去权力化、无产化。[③] 这一切的背后，劳动的商品化与资本的扩张是主导因素。最吊诡的是，纪录片工作者是全球经济巨变的故事讲述者，但他们本身也承受着这种巨变带来的阵痛。

① 迈克尔·布洛维. 制造同意——垄断资本主义劳动过程的变迁［M］. 李荣荣，译. 北京：商务印书馆，2008：86－99.

② 皮埃尔·布尔迪厄，华康德. 实践与反思——反思社会学导引［M］. 李猛，李康，译. 北京：中央编译出版社，2004：133－136.

③ 曹晋，许秀云. 传播新科技与都市知识劳工的新贫问题研究［J］. 新闻大学，2014（2）.

第五章 回归单位

第一节 单位组织中的纪录片工作者

当我们谈论中国的体制内问题，首先需要理解一个具有中国特色的词汇单位。我们可以从一个西方人的故事了解什么是单位。1979年6月，《纽约时报》的记者巴特菲尔德抵达北京，首先要找一个旅馆住下。于是他到北京饭店的前台登记。服务员首先要他回答“你是哪个单位的”。虽然每个中国人都知道怎么回答这个问题，但巴特菲尔德却不清楚这句话是什么意思。于是服务员继续解释，“我们只给单位安排房间，不给个人安排。在中国，每个人都有单位，你得找你的单位。要不，就没法给你安排房间”。最后巴特菲尔德没办法，找到驻华大使才解决住宿的问题。经过一系列麻烦的遭遇，他感慨道，“中国人如此重视单位的作用，原因在于单位不仅是一个工作场所。中国的单位提供着从摇篮到坟墓的人生所需，它是一个完整的体系”。①

① 曹锦清，陈中亚．走出理想城堡——中国“单位”现象研究［M］．深圳：海天出版社，1997：65.

当下的中国和30多年前的中国已经发生了翻天覆地的变化，西方人住酒店也绝不会再遇到像巴特菲尔德当初遭遇的尴尬，但是单位作为一种制度依然发挥着巨大的作用。当我们研究纪录片工作者在体制内的工作与生活，首先有一个大的前提，就是这些文化工作者愿意进入体制，愿意成为一个组织的雇员，并在单位的管理下进行纪录片创作。管理其实就是一种劳动控制的手段，但它并不是一种具有强制力的控制。它既体现着体制的规劝，也包含着个人的主动、依附，是双方互动的结果。所以作为一个具体的人，特别是从事创造性工作的个体，他为什么愿意加入单位组织并成为单位组织成员呢？这是我在田野调查中首先想解答的问题。

2015年6月至2016年5月，我在某市的媒体机构开展关于体制内纪录片工作者的田野调查。为了减少不必要的争论，我在这里隐去关于这家媒体的历史背景介绍，并在文中以A机构来代替。A机构的负责人老李是我相熟多年的朋友，他允许我最大限度地在这里采访调研，并提供一切可以的帮助。A机构成立于2010年，除了负责人老李，目前该部门有纪录片导演7名，摄影师2名，行政人员2名，临时工2名，实习生2名。

一、单位的吸引力

A机构的小王是我在田野调查中最主要的报告人。她家庭条件比较优越，母亲是作家，父亲是中国20世纪90年代非常有名的纪录片导演。她大学期间读的是广播电视编导专业，保送研究生，2008年她来到A机构，“我在读研究生的时候已经在这里实习了，实习了差不多一年。等我研究生快毕业的时候，就面对到底去哪里工作的问题。说实话，我当时好像根本就没有考虑别的地方，我记得没有往别的单位投任何简历，我就是想留在 A 机构。我觉得女孩子还是需要安稳一些的工作，我喜欢拍纪录片，说实话，纪录片就不是一个稳定的职业，所以更要有一个好的保障，能让你义无反顾地往前冲。当然，我爸妈也是这么想的，他们在地方上也是从事媒体工作的，对于他们来说，A 机构就是一个很好的单位，他们当然觉得能留在这里就是最好的选择了"。

小王的选择更多地考虑了单位内最大的吸引力——稳定，这也或多或少受到家庭的影响。小王的同事小加是纪录片中心的摄影师，他和 A 机构的下属企业签订了劳动合同，属于这里编制外的员工，"我的家乡是青海海南藏族自治州，爸爸早年就去世了，我的家境非常贫寒，但是我学习不错，是我们村里的第一个大学生。大学毕业后，我去了一个电影公司当导演助理一年半，之后还和朋友入股开了公司，但是最后我还是来到 A 机构。虽然我也不是 A 机构的事业编制，但是我的工作单位是 A 机构，能在 A 机构工作在我们那个小地方是一个非常有面子的事情，村里人都觉得我能解决天大的事情呢。特别是我妈妈，她特别为我骄傲。其实我明白自己其实什么也不是，挣钱也不多，但是我一想到老母亲很欣慰的样子，我就觉得在这里还是很有意义的"。

小加是少数民族，来自偏远地区，虽然他不是正式编制，但是他非常看重这份工作带给他家庭的荣耀。因为这份工作意味着更高的社会地位，这也让他平时更加努力工作，希望获得单位的认可，从而拥有正式的编制。有一个单位的身份，纪录片工作者们既可以拥有稳定安全且“有面子”的工作，同时也能享受各种优厚的“福利”，办公室员工小孙就向我强调了福利待遇对他的吸引力，“我大学是学艺术的，那是因为艺术专业高考分低一些。我和他们不一样，我没啥艺术理想，更不想拍纪录片，太苦了。我就喜欢每天在办公室待着，挺好的呀，虽然工资不高，但A机构给我解决了户口和编制，这是最关键的。我们这里福利特别好，每个月800元饭补都会打到饭卡上，食堂两荤两素才5块钱，所以饭卡里的钱根本吃不完，只能越攒越多，我们每个人饭卡里余额都是三四千元。每一个季度还会发一些劳保用品，家里用都用不完，只能再送给亲戚朋友”。

当然也有人在和我聊为什么来A机构做纪录片时，直言不讳地谈到A机构只是一个职业的中转站，导演小张告诉我，“我毕业之后先在电视台工作，做一个电视访谈栏目，我那个时候就像流水线上的工人，没什么成就感，在一个唯收视率的环境下，我很痛苦。我其实还是有一个纪录片梦想的，想作出一些真正的作品。A机构做的纪录片并不是我心目中的纪录片，只能算任务片，但是我通过做这些任务片，练了手艺，更重要的是积累了人脉，因为这里的平台还是很高的，每年都能做政府的项目，和党政机关、商业机构的往来非常多，能认识不少人。虽然大家都说年轻人应该出去闯，不要待在体制内，但是我不这么认为，我觉得就是因为年轻所以才需要在这里慢慢地磨炼，等有一定社会资源了，我就不在这里干了，出去创业，自己开公司做纪录片”。

我和A机构的所有人都聊过单位选择的话题：当初为什么会来A机构？我不想把答案一一放在这里展示，但基本上可以总结为稳定、福利好、平台高、有前途。虽然个体不同，每个人的情况也不一样，大家也会对自己的工作吐槽和抱怨，但总的来说，在他们的眼中 A 机构肯定是一个别人羡慕的好单位。作为纪录片工作者，他们愿意来到这里，一定是这里提供了他们在别处享受不到的资源，这种资源可以是物质资源（工资、福利），也可以是非物质资源（名望、荣誉）。社会学家布劳说过，“通过对别人提供服务，一个人确立了对他人的权利。如果他定期向别人提供在别处不能轻易获得的服务，那么他们就会因为这些服务而感激他。”① 我们可以把这句话变换一下，一个人选择被单位收编，是因为单位对个人提供了不易获得的资源。因为这种资源的提供，个人对单位产生依赖。其结果是，单位确立了对个人的控制，这就是华尔德所说的社会主义体制下的“组织性的依赖”(organized dependence)②。相比华尔德对于 20 世纪五六十年代中国国有工厂的研究，我们要强调，伴随着中国的改革开放，由国家统一管理、占有、分配各种资源的体制格局早已被打破，特别是近几年事业单位普遍实行聘用制后，单位制对人的控制有了很大程度的松动和瓦解。我们注意到，个人对单位的依赖性正在逐步弱化，市场化的因素让个体有了更多的选择。在这个时候，个体需要衡量的是，对某种资源获取和分配的不满意，是否足够重要到能够取代他在这个单位中所获得的其他资源；另外，他还需要考虑的是，他是否能够在其他单位获得同样多的资源。就像在 A 机构，虽然大部分人都会抱怨工资不是很高，并且因为编制的不同每个人获得的资源也不一样，但是在权衡了所获得的其他资源后，大部分人还是觉得被收编是一种不错的选

---

① 李汉林．中国单位社会：议论思考与研究［M］．北京：中国社会科学出版社，2014：182.

② 安德鲁·G. 华尔德．共产党社会的新传统主义：中国工业中的工作环境和权力结构［M］．龚小夏，译．伦敦：牛津出版社，1996：14.

择。我注意到，A 机构从成立至今，只有 1 人离职，离职率非常低，这本身就说明一个固定单位对文化工作者的吸引力是持续的。

二、不同类型的编制方式

学者曹锦清说，“一个人进了单位，也就进了一个理想的城堡。他拥有了这个单位的编制，单位会提供给他从摇篮到坟墓的所有依靠”。① 相反，如果一个人没有单位的编制，他就是社会盲流，也就缺少各种各样的依靠和保障。改革前单位与个人存在两种关系，要么个人被单位收编进入体制，要么个人没有被单位收编而在体制外游荡。这是一个相对清晰的“有编制—无编制”的二元结构。但是改革后体制内出现了进一步的分化，这种分化的背景就是事业单位人事制度的改革。

2000 年，中组部发布了《关于加快推进事业单位人事制度改革的意见》通知。这个意见的发布，是为打破公务员的铁饭碗，破除干部身份终身制，在事业单位建立和推行聘用制度，把聘用制度作为事业单位一项基本的用人制度。这个政策的出发点是好的，引入竞争机制，某种程度上改变了机关单位的慵懒作风。但是政策的实行，既要面对改革之前的遗留问题，也要面对改革后产生的新问题。人事制度改为聘用制，直接的后果就是之前的旧编制和改革后复杂的多种聘用形式混为一体，同一个单位出现了不同身份属性的员工。这时，单位的收编就演变为一种有选择的收编，有的人在编制内，有的人在编制

① 曹锦清，陈中亚．走出理想城堡——中国“单位”现象研究［M］．深圳：海天出版社，1997：67.

外。因为编制类型的不同，员工们享受着不同级别的工资、福利待遇。

作为一家典型的中国事业单位，目前A机构存在四种编制类型。第一种是正式的事业编制，也就是人事制度改革前的铁饭碗。拥有这种事业编制的人大多是在2005年之前加入A机构的老员工。在A机构里，只有老李属于这一种编制。第二种编制类型就是媒体聘用。A机构在2005年实行聘用制改革，这之后通过社会招聘进入A机构的员工都是和A机构签订两年的聘用合同，到期后再根据个人情况续签。目前中心属于A机构媒体聘用的员工有大周、小伟、小王、老魏、小孙、小杨。第三种是企业聘用。为了满足A机构每年的用人需求，除了有限的媒体聘用指标外，还有一些企业聘用的机会。这些人一般不是应届毕业生，他们没有办法通过社会招聘进入A机构工作，所以只能退而求其次，和A机构的下属企业签署用工合同。虽然他们的合同不是和A机构签订的，但是他们的工作仍在A机构内。属于企业聘用的是小徐、小常、小楠、小加。第四种是临时聘用。只有小天和小李是临时工。他们签订的是短期的工作合同。

表5-1　A机构员工信息

姓名	聘用方式	年龄	职称	工种	加入中心年份
老李	事业编制	45	正高级	导演	2010
大周	媒体聘用	40	副高级	导演	2010
小伟	媒体聘用	33	中级	导演	2010
小王	媒体聘用	30	中级	导演	2010
老魏	媒体聘用	46	副高级	行政	2010
小平	媒体聘用	32	中级	行政	2010
小杨	媒体聘用	36	中级	摄影	2011
小徐	企业聘用	34	中级	导演	2012

续表

姓名	聘用方式	年龄	职称	工种	加入中心年份
小常	企业聘用	28	中级	导演	2012
小维	企业聘用	29	中级	导演	2012
小楠	企业聘用	26	中级	导演	2013
小加	企业聘用	26	初级	摄影	2014
小天	临时聘用	31	无	剪辑	2014
小李	临时聘用	28	无	剪辑	2014

聘用方式的不同，是否就会带来阶层的不同，这个很难判断。但是在A机构，有很多细节都能显示区别对待的意味。他们的门禁卡就不一样。A机构正式编制的门禁卡写着A，上面贴着工作人员的照片姓名，这个卡只有老李有；媒体聘用的门禁卡上面标注着大写的B，其余的地方和正式编制的门禁卡一样；企业聘用标注的C，但我注意到上面虽然有员工的照片，但是没有他们的工作号，因为企聘员工都来自下属企业，他们并没有A机构的工作号；临时工的门禁卡上面什么也没有，可能是为了方便再次使用所以上面既没有照片也没有姓名。

A机构的人没有一个人愿意承认有所谓阶层的划分，作为部门的领导，老李就说，“现在不是铁饭碗了，单位也要慢慢适应时代的变化，发展灵活的聘用方式，来满足它的用人需求，这都很正常。不能说因为聘用方式的不同，就会有等级，我们这里没有等级，大家都是做纪录片的，都是纪录片工作者，我们是因为热爱纪录片才聚到一起的，有专业能力的高低，但是不会说谁是什么编制，谁地位就高”。

虽然大家不认为编制和阶层之间有什么必然联系，但是大家都非常清楚编制不同所带来的待遇上的不同，小楠对我说，“我们企业聘用比媒体聘用一个月少1000块钱吧，剩下的没啥区别，我们的福利待遇都是一样的，但最大的差别是户口。我是和下属企业签约，是没有户口的”。

相比小楠，小加感受到更多的不公平，“我和小杨是同一年来的，我们都是干摄像的，我比小杨还大两岁呢，就是因为我不是应届毕业生，所以我就是企业聘用，他就是媒体聘用。你也看到了，他平时很少来办公室的，每次要出去拍摄了，他就找各种理由不去。我干的活儿比他多，但是我每个月拿到手里的钱比他少，我觉得很不公平”。

除了不公平，有的企聘员工还表达了对于身份的困惑，小维说，“说实话我自己都搞不清楚我算体制外还是体制内。按理说 A 机构是体制内的地方了吧，但是因为我是企业聘用，每次签约都是和公司签，我的工资什么的也是从公司那边发给我，所以我就又感觉自己是一个体制外的人。我觉得自己并没有因为在 A 机构工作而有什么安全感，相比于媒体聘用的那些人，我觉得自己可能随时就和 A 机构没有什么关系了”。

在 A 机构，小楠、小加、小维并不是最没有安全感的，最缺乏安全感的应该是临时工，他们也更能感受到地位上的差别。小天毕业于一个外地的大专学校，学的是影视专业。因为 A 机构的招聘对于学校有严格的要求，所以他很难通过考试进入 A 机构。但他十分渴望进入纪录片中心，所以就以临时工的身份先待在这里，期待有机会可以得到企业聘用的机会，“我觉得自己就是 A 机构最底层的，干多干少工资一个月就 4000 元，工资是死的，没有任何福利。我是 2014 年来的，刚来的时候我就和中心签订了一个临时工的劳动合同，连保险都没有，干了半年之后我听人家说这样是违法的，我就去找了老李，让他给我找个地方上五险一金。老李可能也觉得我这半年干得也还可以，就给我找了一个下属企业交着五险一金。他知道我想留在这里，所以什么活儿都给我，我也只能这么受着。我每天都来上班，但特别尴尬的是我连食堂的饭卡都没有，所以我只能去外面吃。老李人还可以，有时候会把他自己的饭卡给我，让我先拿着用”。

不同的编制方式创造了劳动保障的不平等以及可能的工作歧视，也引发了工作中的抱怨，但同时反而创造了工作者进阶的动力。人的天性就是获取更为安全的感觉，所以临时工想成为企业聘，企业聘想成为媒体聘，选择性收编给了他们努力工作的理由。小天已经在这里工作了 3 年，但是仍然没有转为正式职工。其实在单位内，编制一旦确立，是没有向上流动的正常机制的。比如说，国家事业单位已经没有正式的事业编制了，所以想从媒体聘用转为事业编制，这基本不可能；从原则上说，企业聘用转为媒体聘用的情况是可能发生的，在我田野调查期间也确实听到过很多次企业聘的某某人转为媒体聘的事情，但这也是个例；同样，临时工转为企业聘，小天的事例已经告诉我们有多难，但这种情况也相比于前者容易得多。虽然编制的改变是非常困难的，但是因为不同编制所享有的资源差别很大，所以我们就能够看到，很多人都在迫切地由选择性的收编，成为完全的收编。

三、工资

相比编制诱惑的抽象，单位最实际、有效的方式就是用稳定的工资来吸引文化工作者。事业单位的工资是由国家财政拨款，所以从某种意义上来说，文化工作者成了国家的雇员。A 机构的员工的工资依照 A 机构的规定分为两部分，基础工资加绩效奖金。按理说这样的工资构成是比较合理的，既有固定的部分，也有对员工的奖励，但是在A机构却出现了实际的问题。当我问到工资情况时，小王对我说，“每个月我的工资都差不多，有浮动，但是浮动不会太大。说真的，我搞不清楚我们的工资是怎么算出来的，反正发多少，我就拿多少”。

小王的回答基本是一个标准答案，无论我问A机构的任何人，得到的答案也无外乎这样。当然不排除有的人是不想和我谈论这个话题，因为工资毕竟是一个比较隐私且敏感的话题；也有可能作为纪录片工作者，他们为了表现出自己不在乎钱的样子。我觉得以上两种情况都是存在的。但是我认为更多的人，他们确实不知道自己的工资是怎么算出来的，也觉得就算知道了也没有什么意义。但是作为田野调查，我觉得很有必要从中发现一些问题。

1. 基础工资

整个A机构都是根据每个人的级别来算基础工资。所有的员工从低到高分为13个级别。11、12、13级属于初级职称；8、9、10级属于中级职称；5、6、7级是副高级职称；1、2、3、4级是高级职称（见表5-2）。每一个级别的基础工资都是相对固定的，一个员工他在什么级别，就领取与这个级别对应的基础工资。比如，当一个新入A机构的员工，他第一年享受的是第13级的基础工资，半年之后，他就是第12级了，再半年，就是11级。当他已经工作两年之后，就可以自动成为中级员工，这时就可以享受第10级的工资，依此类推。所以我们看到，A机构的员工领取的基础工资的高低，是由他们的级别决定的，而决定级别的，是他们来到这家单位工作时间的长短。所以华尔德说，“中国的工资制度只能体现参加工作的年限。”

表 5－2 A 机构职级划分

高级				副高级			中级			初级		
1	2	3	4	5	6	7	8	9	10	11	12	13

2. 绩效奖金

绩效奖金是根据每个人的工作量实行的奖励。目前在中国的媒体单位都实行绩效奖金，当月绩效多少和你当月的工作量挂钩，基本上实现了多劳多得、少劳少得。比如说 B 机构的绩效是按照计件制来核算：一个记者一个月做了 20 条新闻，就有 20 条新闻的绩效，做了 10 条新闻，就有 10 条新闻的绩效，如果他当月一条新闻也没做，就没有任何绩效奖金。在媒体中广泛使用的“计件制”看似合理，但在 A 机构却失效了。原因是纪录片是带有创作成分的文化产品，从 A 机构以往的情况看，它们承接的政府项目都是大片，基本上一年才能创作一部，所以计算每个人当月的绩效，变成一个不可能实现的目标。在纪录片的创作过程中，前期的文案准备、调研，甚至是拍摄、剪辑都无法计件，也就无从统计工作量。为了解决纪录片创作与绩效工资无法对接的矛盾，A 机构只能按每月的固定额度发放绩效，标准同样参考基础工资。也就是说，一个员工每个月的绩效都是相同的，相同级别的员工绩效也是一样的。对于这种平均主义的奖励方式，A 机构负责人老李解释，“单位是把我们编导的整体的工作量分解到每个月，按固定的绩效奖金来发放，这样我们做完一个片子之后也没什么劳务不劳务的了，劳务就是大家之前的绩效”。

这个说法看似为单位组织找到了理由，但却埋藏着一个巨大的隐患，就是对于一个具体的人来说，无论他一年到头为了纪录片付出多少心血、出了多少趟差，他每个月的工资都是一样的。那么本来是为了鼓励工作而推行的绩效奖金，反而成了无法鼓励的假绩效。

3. 其他收入

除了基础工资和绩效奖金外，A 机构的员工还有出差补助这一项其他收入。因为纪录片创作的特殊性，A 机构的员工经常会出差拍摄，最少一个礼拜。按照 A 机构的财务规定，他们每天一个人有 180 元的吃饭交通补助，同时每人每天还有 200 元的住宿补助。按理说这个费用也不多，差不多可以覆盖他们出差的花费。但是 A 机构的导演们出去拍摄纪录片，很多时候都有当地基层政府的接待，所以吃饭住宿的费用会节省出来一大笔。这个节省出来的补助，就成为每个人的其他收入。比如一个纪录片导演出差 7 天，最多可以收入 2660 元。但是这个收入并不是很稳定。第一，并不是每个月都有出差的任务。第二，并不是所有的地方政府都愿意解决全部的出差费用，有的时候只提供交通和饮食的安排，而不解决住宿的费用。第三，有时导演们为了创造更自由的拍摄条件，会故意拒绝地方的接待。所以，大部分情况下，出差补助的收入，是微乎其微的。

在公司中，一个雇员可以以自己掌握的技术和知识，形成议价的资本。他的薪酬是在和雇主之间的讨价划价中商定，雇主会根据他个人附带的价值给出一个相对合理的报酬，基本上文化工作者与雇主之间充满了博弈与互动。在体制内的单位里，情况却非常不同。从 A 机构的工资制度可以看出，虽然工资分为基础工资和绩效奖金，但其实每个人的工资是相对固定的。单位里的纪录片工作者，个人的工资基本上是由职称决定，所以在这种情况下，大家就不太会在乎自己工资的构成是什么了，因为知道了也没有用。

表 5-3 A 机构员工工资

姓名	聘用方式	年龄	职称	工种	加入中心年份	工资（元）
老李	事业编制	45	正高级	导演	2010	14000
大周	媒体聘用	40	副高级	导演	2010	9000
小伟	媒体聘用	33	中级	导演	2010	8000
小瑶	媒体聘用	30	中级	导演	2010	8000
老魏	媒体聘用	46	副高级	行政	2010	9000
小平	媒体聘用	32	中级	行政	2010	8000
小杨	媒体聘用	36	中级	摄影	2011	8000
小徐	企业聘用	34	中级	导演	2012	7000
小常	企业聘用	28	中级	导演	2012	7000
小维	企业聘用	29	中级	导演	2012	7000
小楠	企业聘用	26	中级	导演	2013	7000
小加	企业聘用	26	初级	摄影	2014	6000
小天	临时聘用	31	无	剪辑	2014	4000
小李	临时聘用	28	无	剪辑	2014	4000

通过表 5-3 我们能更直观地看到，A 机构每个员工的工资水平（这是一个大概的工资水平，并不是具体某年某月的工资，并且这个数额减去了不定期的出差补助）。我们能够看到，除职称等级的影响，编制的不同也是造成他们工资差别的主要原因。那么，这样一个工资水平对于生活在当地的人来说够不够呢？根据 2015 年某市人社局发布的“关于公布 2015 年度某市职工平均工资”显示：2015 年度全市职工平均年薪 85038 元，平均下来月薪是 7086 元，对于 A 机构的工作者来说，他们的月薪刚刚达到市民的平均值。同时，相比当地高昂的生活成本，这个工资是远远不够的。所以，小楠评价他自己的工资时说，“我们的工资就是吃不饱，也饿不死”。对于 A 机构工作者来说，这样的工资水平首先是饿不死，虽然离富裕的生活相差还很远，

但也确实达到生活的基本保障；但问题的关键还是吃不饱，对于A机构的工作者来说，他们大部分都是研究生毕业，是拥有技术又从事创作的知识阶层，这个刚刚过线的工资肯定会让他们觉得不符合自己的价值，所以才会感觉吃不饱。

在这里，单位对纪录片工作者的收编，出现非常复杂的景象，表面上看，我们假设因为工资问题，员工对单位的依附没有那么严重，忠诚度也会降低，单位对人的控制会下降。不过，在我田野调查期间，虽然听到很多人都在抱怨工资问题，但是没有一个员工说自己要辞职。这说明，除了前面提到的稳定、安全、声望这些因素外，这个单位一定是给予了纪录片工作者可以忽略工资问题的其他独特资源。通过田野调查，我发现单位在收编文化工作者时，给予了纪录片工作者最大限度的自由，这是文化工作者最看重的。也正是这种给予，反而成了劳动控制的手段，并形塑了这些纪录片工作者的日常生活。在下一节，我将用一天的参与式观察，来描述他们的日常生活。

第二节　放任与默许

一、单位里的一天

从地铁下来后，我需要步行五分钟路程，才能走到A机构的大门口。大门口守卫森严，“外来车辆，禁止入内“ “访客登记”的牌子十分醒目，这些都把A机构与外界隔离开，使它成为一个独立的城堡。A机构的工作区域共16个工作位置。A机构负责人老李有一个独立的办公室。

当我九点到达这里的时候，A 机构只有两个人——负责人老李、负责办公室工作的小平。小平此时正聚精会神地盯着电脑，屏幕上显示的是股市的 K 线图。虽然小平离老李的办公室不远，但他好像并没有觉得有什么不妥。我往门里瞧了一眼，老李此时一边喝着泡好的新茶，一边浏览着新浪新闻。两个人，一个人在里屋，一个人在外屋，都享受着早晨轻松的时光。九点十分，小徐走进了办公室。老李和小平看到她来了，都非常吃惊的样子，好像小徐不应该出现在办公室。老李也从屋里走了出来，问小徐今天怎么来了？小徐说，“我老公今天不能送孩子上学，所以只能我送咯，我送完了小孩，没什么事就过来了”。

从九点到十点期间，小平给传达室打了两个电话，分别接进来两个实习生，除此之外他要么在玩手机，要么关注着股市动态。两个实习生一男一女，是大四学生，他们和办公室里的老师们打了招呼后，就开始打扫卫生。他们给一层的盆栽浇了水、还用抹布擦了所有桌子。打扫完卫生，他们开始坐下来翻杂志。十点四十分，中心的临时工小天来了，老李对小天说，“昨天辛苦了小天，又让你加班了，今天争取把剩下的部分剪完。”小天一来就迅速打开电脑开始了一天的工作。和小天前后进来的是中心的另一位办公室人员老魏，因为他年龄最大所以大家都管他叫魏老师。魏老师坐下来之后看到了小徐，他竟然问小徐最近忙什么呢，同一个办公室的两人好像很久没见面了。就在他俩聊天的时候，A 机构的微信工作群里有一条来自老李的消息，他@了所有人，“各位，最近上面开会，又强调了单位纪律，不能无故缺勤，还要严厉查处吃空饷的情况，希望大家认真对待”。五分钟之内，群里面的所有的人都回复了“收到”。但此时坐在办公室里的人，除了今天送孩子上学的小徐外，中心的其他6个导演、2个摄影师都没有来上班。

十一点，我和魏老师、小平到一层门外吸烟时，我问他们，“是不是因为大家不来上班，老李有些生气？”“他不会生气的，我们这里就是这样，比较自由散漫，老李也就是把上面领导的精神传达一下，免得领导怪他没通知。说实在的，老李最清楚，我们这里真没法管理。你说怎么上班，我们又不是新闻记者每天都要出去拍。我们这儿忙的时候特别忙，闲的时候又特别闲。”抽完烟，我们回到办公室，经过老李办公室时听见他在电话里争吵。过了一会，他气冲冲地走出来对我们抱怨，“你们说小伟像不像话，我都有两个礼拜没见到她人了，都不知道她在忙什么。一个月前我就让她赶紧写《文化中国》的稿子，我刚打电话催她，她到现在还没写完，气死我了”。

中午十二点，我们去食堂吃饭。中心的摄影师小杨这时出现在食堂，小平嘲笑，“你看小杨，他每天上班都是直奔食堂，都不用去办公室”。

下午一点，当我们走回办公室的时候，看到小王来了，她正坐在电脑前写一个纪录片的策划案，但我注意到这个纪录片并不是A机构的项目，应该是她在外面接的活儿。不一会摄影师小杨也走了进来，他扔给两个实习生一个硬盘，“你们这会儿不忙吧？这里面是我昨天拍的素材，一个采访，你们练一下手吧，把里面的素材剪一下，不懂的地方可以问我”。等他走开后，实习生小月开始低声抱怨，“每次都把外面接的私活儿带到社里来，说什么给我们机会锻炼锻炼，还不是剥削我们这样的免费劳动力”。此时，小维出现了，她放下包之后，又迅速走出办公室。

两点的时候，老李走出办公室，对着在场的所有人说，“领导刚才又来电话了，问我《文化中国》什么时候能完成。大家最近一定抓紧点，多加加班，快点剪完，要不然交不了差、完不成任务，怎么办?”所有人都点头允诺，然后又各自忙自己的事情，小平正在一张报销表格上贴导演们上次出差的发票，坐在他旁边的魏老师在翻看一本杂志，小徐在整理前一段时间拍摄的素材，而小王和小杨不知所踪。老李坐在小天的身后，让小天把今天剪的片段展示给他，他像一个监工一样指指点点，“我觉得这段剪得不好，感觉没出来，你再试试还有没有别的方法，衔接得更顺畅”。说完老李就走开了，小天继续着剪辑工作。

两点半，B 机构的小王过来找小平。小平看到他过来，就立刻关掉电脑上的声音，然后点开了 FIFA 足球游戏。在办公室里，他们俩开始坐在一起玩电脑游戏。打印了一些文件送到老李办公室后，魏老师也在一旁饶有兴趣地观看小平他们打游戏。

下午三点，小杨回到办公室，他看了看实习生剪的片子，提出一些修改意见，就下班回家了。

三点半，小徐要去接孩子放学，她也走了。今天就出现了一会儿的小维也回来了，她拿着包立刻就回家了。

三点半到四点之间，小王、小平、魏老师、两个实习生也纷纷关了电脑，离开办公室。四点的时候，一层已经比较冷清了，只剩下里屋的老李，外面的小天，还有我。四点半，老李和小天也相继离开办公室，A 机构一天的工作，就这样结束了。

二、非正式制度

以上关于A机构一天的描述，是根据我2015年11月3日的田野笔记整理而成。如果用这部分内容代表A机构一年当中每天的工作，显然是不可能的。我也很难说服自己，这一天发生的事情很有典型性。比如说，在这一天我看到作为单位临时工小天辛苦工作的场景，那么是否就可以推断小天每天都如此辛苦地工作呢？或者我在这一天看到小平在打游戏，是否就可以推断他对待工作态度有问题呢？显然是不能的。我以A机构完整的一天做展示，并不是为了进行道德的评判，我的目的是展示A机构里的非正式制度对纪录片工作者的放任与默许。

中国社会在正式规定的各种制度之外，实际存在着一个个不成文的又获得广泛认可的规矩，这就是非正式的制度。要理解中国的单位社会，既要理解正式的制度，更要看隐藏在下面的那些非正式的制度。因为恰恰是非正式制度，支配着现实生活的运行。在A机构，对非正式制度最佳的体现就是灵活地坐班。关于坐班制度，A机构是有明文规定的，《职业化标准手册》当中写道："员工早上上班时间为8：30~11：30，下午上班时间为14：00~16：30。"老李也经常在中心的微信群里发通知说不能无故缺勤。事实证明其他单位也确实按照这样的规定在执行，比如B机构，记者除了出去拍摄新闻外，都需要遵守严格的坐班制度。虽然请假偷懒也是经常发生的事情，但是记者们还是明白他们是需要坐班的。但是在A机构，"可以不坐班"似乎已经成了一种非正式的制度，在这种非正式制度下，纪录片工作者享受着相当大的自由度。我在 A 机构做田野调查中，很难看到办公室人员齐整的样子，除了负责人老李、办公室人员魏老师、小平每天都会在办公室出现外，剩下的导演、摄影，包括临时工、实习生，都不是每天会来办公室。大周曾经打趣地说，“让我们全部到齐，比集齐七龙珠都难”。小维也有一次夸张地说，“我都快忘了小常长什么样子了”。甚至有一次，我曾经想在办公室采访一位中心的导演，可是 20 天后才看到她第一次出现在办公室。虽然创作者们享受着非常大的自由度，但是大家也都明白这是非正式的，小王就告诉我，“虽然我们这里挺自由的，但是我还是会经常去办公室，其实去了也没事情，就是单纯为了出现一下，这样子看上去不是很过分”。小徐说，“我一般都会把自己的电脑打开，这样大家都知道我来了，但其实我中间出去做任何事情，一整天不回来都没有问题”。在制度与非制度间，如果不过线，并能完成组织交代的任务，单位也就默许了导演的这种自由度。一旦过线，单位与个人之间的矛盾就会爆发出来，就像上文提到的老李和小伟之间激烈的争吵，就是因为小伟的缺勤实在是太严重了，更重要的是，她没有完成组织交给她的任务。

20 世纪 50 年代，学者布里德在考察美国的新闻工作者发现，很多记者在制度不明确、不清晰的时候，容易取得个人突破。这个结论也可以在中国的纪录片工作者身上找到印证。正是在似乎可以不坐班的模糊制度下，A 机构的纪录片导演、摄影师们慢慢地开始有机会突破单位的束缚。为了得到经济上的补偿，他们纷纷出去接私活，这甚至已经成为纪录片中心的潜规则。虽然大家不会在办公室公开谈论外面的私活，但是我看到经常有导演会在办公室处理中心以外的其他业务。在吃饭闲聊时，他们往往也会谈论起最近接了一个多少钱的活儿之类的话题，每个人都没有想故意遮掩。一个人接了活，也会把这个活介绍给中心的其他人，他们并不介意同事知道自己在外面赚钱的事情。小徐告诉我，“其实大家都清楚怎么回事，老李也明白，我们每个人在外边都有不少活儿。睁一只眼闭一只眼呗，不然怎么办，靠那点工资，根本不行。接活可以，只要不耽误正常的工作，就不会有什么问题”。

每个人在和我的交谈中，虽然都承认会在外面接活，但是他们也总要强调接私活不会影响正常工作。但是，在中国的单位体制下，公与私是很难绝对分开的，不仅很难分开，往往还交缠在一起。在我的田野调查期间，小楠负责《文化中国》的其中一集，他剪出来的初版明显质量很差，他当时有些不好意思地向我解释，“最近接了一个私活，前几天一直在忙那个事。人家给了我钱，我也得认真负责点”。小楠的回答说明在公与私之间，他比较看重私活，因为外面的活是给钱的，所以他要认真负责，言下之意，他觉得单位里的片子是不给钱的，所以也就没必要那么认真负责。虽然这只是个例，但是我们还是能够看到缺乏奖励机制下的单位中，个人是如何看待工作的。更极端的案例也曾发生过，有一次两个摄影师在中心的微信群里因为一个镜头的事情激烈地争吵，摄像小加说一个镜头在拍摄的时候突然坏了，另一个摄像小杨叮嘱小加要爱惜设备。结果小加非常生气，在群里公然说，“你如果不把设备带出去干私活、你如果不把设备租给外面的人，这些设备怎么会有问题”？关于小杨用单位的设备在外面接私活，虽然我之前也听到过这样的传闻，但我在这里引用这个例子，并不是想谴责假公济私的行为。我想说明的是，因为单位放任的政策以及对于接私活的默许，使单位内的公与私经常混淆在一起，彼此相互影响，成为拆解不开的一个整体。在这种情况下，无论是公对私的妨碍，还是私对公的侵害，都是非常容易发生的。

从非正式制度，演变为潜规则，表面上看是单位对创作者的放任与默许，但实际是单位与创作者之间复杂的互动，也充满了博弈。从单位的角度讲，单位以非正式制度的方式给了创作者最看重的自由，作为回报创作者忍受着较低的工资，但是他们需要在体制外争取更大的经济利益，灵活的时间又反过来提供了他们接私活的客观条件。我们也可以从个体的角度讲，较低的工资让创作者们不得不出去接私活，而单位也只能对这种现象采取睁一只眼闭一只眼的态度，也就默许了他们拥有的自由。所以我们可以看到，这种自由，是单位与个人互动下双方达成的非制度化的条件。这种条件对于双方都是可接受的，对于单位，他付出的只是较低的成本，给予创作者们有限度的自由，换来的确是纪录片工作者的依附。小杨就告诉我，“我们这里时间比较自由，要不然我也不会在这里。”这也解释了前文中提出的问题，为什么工资这么低，创作者对于单位的依附依然很强，这是因为单位给予文化工作者最看重的所谓自由。但是，单位给了自由，给了空间，用这种给予吸引创作者，使他们更加离不开单位的收编。

第三节　单位中的劳动过程

之前我展示了单位作为一种宏观的结构和制度，对于纪录片工作者的管理。但是我们并没有具体到纪录片的创作和生产过程中讨论。纪录片工作者，从他们开始构思纪录片，到一部纪录片最终完成，在他们的劳动过程中，创作者的主体性如何体现？在个体彰显主体意识的同时，是否伴有劳动的控制呢？这些问题我们将在更加微观的情境里具体分析。

一、标准与创意

当文化工作者或者艺术家把文化当做产品一个一个地生产出来时，特别是这些产品需要具备市场价值时，那么文化也就必然具有工业化、标准化、程式化的属性特点。对于单位组织来说，为了提高生产效率，标准化、流水线化的生产必不可少，这要求文化工作者参照固定的流程和模式来生产文化产品。

当面对一个具体的项目时，A 机构的所有人分成两个大组：一个是创作组，包括所有的导演和摄影师；另一个组是制片管理组，包括两位办公室人员，小平和魏老师。老李作为总导演，既是创作组的负责人，也是制片管理组的负责人。

A 机构制作纪录片的流程，主要分为三大阶段。第一阶段是策划阶段。当他们承接一个纪录片项目的制作任务后，首先需要的就是头脑风暴。在策划阶段总导演会和导演们开会商讨纪录片的主题立意，以及每一集的拍摄内容。在若干次讨论后，伴随着导演们查阅了大量资料，纪录片到底拍摄什么、要怎么拍就逐渐清晰起来。这时，每一个导演就需要根据自己那一集的内容，来撰写拍摄的内容大纲。内容大纲涉及具体拍摄的地点、人物以及大概的故事。总导演老李会审查每一位导演的内容大纲，并提出修改意见。当内容大纲通过后，就可以进行第二阶段。

第二阶段是拍摄阶段。一位导演、一位摄影师、一个制片管理人员组成拍摄小组，去内容大纲中涉及的地方进行拍摄。一般每一集涉及地方会有 4 ~5 处，所以会多次往返出差，每一次出差的时间大概一个礼拜左右。一般来说，一集纪录片总共的拍摄天数需要 20 ~ 40 天。

第三阶段是后期阶段。在拍摄结束后，导演根据第二阶段拍摄的素材撰写纪录片的文学脚本。文学脚本是在内容大纲的基础上修改和扩充的，涉及纪录片每一个段落具体的解说词和画面是什么。总导演老李会仔细修改每一位导演的文学脚本。当文学脚本获得通过后，导演才可以开始剪辑。剪辑是一个相对漫长的过程，一般一集纪录片的剪辑时间大概两个月，在剪辑过程中，导演需要给解说词配音、选择音乐。剪辑也可以分为初步剪辑和最终剪辑，初步剪辑只是把大概的画面都粗略地放在一起，最终剪辑就是画面与解说词、音乐搭配在一起。在整个剪辑过程中（从初步剪辑到最终剪辑），总导演老李都会时不时地看导演们的剪辑成果。当最终剪辑完成后，导演还需要给解说词、人物对话上字幕，调色，并完成整体统一的包装。

以上是 A 机构制作一部纪录片的标准流程，这个流程清晰地写在 A 机构的《制作手册》上，成为制度的一部分。实际上，导演们不需要每次参照手册上的步骤，因为这些步骤和程序已经成为他们工作的常规和习性，内化于心了。通过程序的细化，纪录片制作的每一个环节都在控制之中。在前期策划阶段，一个导演想拍什么人物、想拍什么故事，总导演肯定是掌握的，就连别的导演也是知道的，所有的想法和创意都没有秘密可言。在拍摄阶段，看似导演的创作比较自由，但是拍摄时间的限制使拍摄团队只能尽快地完成既定任务，很难实现个人精细的创作。另外，导演的剪辑过程也是全程都在总导演的监督下完成的。在整个的制作过程中，总导演老李是实施控制的主要角色，他并不需要参与到具体的拍摄、剪辑中，他更多的是在策划阶段给出宏观的指导意见，并在后期阶段针对文学脚本和剪辑工作提出修改意见，具体的执行全部是每一集的导演完成，老李也对我说了他的工作，“我们的导演专业能力都很高的，不需要我具体再做什么。因为我们做的全是系列纪录片，所以不能太个人化了，如果第一集和第五集看起来风格完全不一样，那就不行了。所以作为总导演，我主要是让每个人做的东西，更像一个整体”。

小王谈总导演的工作时，对我说，“其实老李没有办法给我们专业上的帮助，他更像是一个监工，不停地催我们的进度，让我们每个人的那一集达到一个统一的标准”。虽然每一位导演的才华与创意能够或多或少显示出来，但是在这样严密的流程下、在总导演的监工下，每一集纪录片基本上形成统一的风格样式：相同的时长，相同的节奏，相同的解说风格，相同的立意，最后形成统一的国家话语。

当然，我们看到的纪录片，是控制的结果。但是在之前的过程里，充满着控制与反控制的互动。我在中心田野调查的时候，参加了一次《文化中国》的前期策划会，以下是导演们在策划会上的对话。

小伟：我有一个创意，可以让这个片子做得很有意思，我们可以拍摄主人公回到他们父母当年战斗过的地方，这是一个缅怀的过程，我们一路跟拍，路上可能会发生很有意思的事情。

老李：这个事情很难实现的，这些人年龄也很大了，我们怎么能要求人家专门为咱们这个片子出远门呢，这个想法不实际呀。

小王：我觉得这个想法挺好的，可能会有很多意想不到的收获。

尽管难度大一些，可以去尝试一下。我觉得我们需要有一些突破，不要总拍一些采访和普通的镜头，这样做出来多没意思呀。我觉得这个片子我们在讲历史的时候，可以用动画的效果来代替采访，年轻的观众也会喜欢这种形式。

老李：我觉得你们想得太多了。这就是一个产品，不是你们个人的作品。我们之前做的所有关于人物的纪录片，已经有现成的模板，为什么要推翻呢？说直白点，这是一个形象片，只有往这方面做，我们才能交差。我觉得不应该过多创新，安全第一。

这次策划会的结果，就是导演们的创意并没有得到实现。我之所以引用上面的对话，不是想证明导演们提出的创意有多好，总导演对他们进行了无情的否定。首先，每个人在单位的角色不一样，这决定了每个人的目标也就不一样。组织是由一群人集合而成的，而不同的人通常又有各自的目标和欲望，所以彼此间的权力游戏是个无法逃脱的现实问题。年轻的导演们想要寻求创意作出不一样的东西是很正常的，同时，团队的领导想要按照固定的模式重复成功的经验也是无可厚非的，何况这个创意还蕴含着风险。对于一个单位组织中的领导者来说，没有风险地完成上级交给的任务，这肯定是最重要的目标。在这个目标下，标准化、模式化地生产文化产品，也就成了捷径。这就不可避免地造成单位对个人的创意形成压制，因为创意意味着个性化、个人化，意味着产品的与众不同。正是在这样的逻辑下，单位主管与下属无可避免地成为对立的双方。上面的例子是在策划阶段创意被否定，当然也有很多时候导演们的创意是可以得到实现的，这种情况大多发生在拍摄阶段。

二、拍摄的经历

与故事片的拍摄不同，纪录片拍摄的人物都是真实生活中存在的人物，这决定了纪录片拍摄的随机性和偶然性很强。所以，导演们很难按照统一的模式进行拍摄。尽管如此，A机构仍然试图规范，让所有人的作品保持统一的形式。在A机构的《制作手册》上，详细要求人物采访的标准，“用近景拍摄采访，画幅卡到人物第二、第三纽扣之间。共用三盏灯光，灯1为人物面部主光，灯2为人物肩部轮廓光，灯3为背景布里一束人物的底子光”。虽然手册中还用大量文字和图片说明怎么拍摄采访，但是摄影师却不以为然，小加说，“我从来不按要求来，规定是规定，但是我们在外面怎么拍，那就是我们自己的事了，完全由我们自己来决定。就拿采访来说，每个导演都有他自己的采访要求，比如很多时候采访都是站着说的，还有些导演喜欢室外自然光采访，根本就不需要灯光，甚至有的导演就不喜欢采访，这些都是实际中的问题”。

虽然A机构用制度要求了拍摄的标准，但具体外出拍摄时，直接的控制就很难奏效了。小楠说，“中国有句古话，将在外君命有所不受。一旦我们出去拍摄，老李他也管不了那么多，所以我们就更容易自由发挥。有一次我拍一个人物的纪录片，我觉得那个人的故事特别好，就想多拍摄一些时间。但我们一般出一次差就一个礼拜，我就只能打电话告诉老李这个故事非常重要，要拍的东西还有很多，所以还得再待四五天。因为老李也看不到我们拍的是什么，所以他也没有办法判断，只能让我们继续拍。老李那个时候天天催我，让我提高效率，拍完了赶紧回北京，但是他催他的，我就是不回。最后我又多拍摄了一个礼拜。对那次的拍摄，我是非常满意”。

不过，这也不代表导演们的拍摄是随心所欲的。虽然暂时摆脱了单位组织 A 机构的直接控制，但是创作的过程却陷入更大的基层系统网络结构的监督下。小维说，“我们记者去地方采访，一般都会通知地方上的党委宣传部，让他们帮忙具体联络，也能负责接待。同样，我们去拍纪录片，单位也会发公函通知地方的党委宣传部来接待我们。这对于拍片子来说肯定是好事，因为到一个人生地不熟的地方，能有当地人帮我们联络拍摄的事情，是非常有用的。对机构来说也是好事，为我们解决了食宿问题，省了一笔费用。但不好的地方是，我们的拍摄也都在政府工作人员的眼皮下进行，很多时候就非常不方便”。

我可以用我在田野调查中的所见所闻更为具体地展示这种不方便，2015 年 7 月 10 日至 7 月 25 日，小王、小加、小平为了《文化中国》的第一集，在某省进行了 15 天的拍摄。我也以摄影助理的身份加入拍摄组。小王之前在做策划的时候，她知道有一些老兵住在某省的 B 市，所以她想去拍摄其中一个人，作为一个段落放在第一集中。

当我们到达 B 市时，宣传部的刘秘书已经在机场外等着我们。刘秘书热情地接待我们，他把我们安排在当地的宾馆，并骄傲地告诉我们，“省长两个月前来我们这里考察时，就住在这家宾馆”。晚上，刘秘书在酒店的包间里面请我们吃饭，他端着酒杯，说，“感谢你们来我们这里拍摄，宣传我们美丽的 B 市，我们一定尽全力给大家安排好，食宿、交通都由我们这边安排，请大家放心”。晚饭快吃完时，刘秘书小声对小王说，“不知道你们这个片子拍完了，后面能不能给我一个职务放在里面。什么助理制片、助理编导都可以”。小王向他解释，“我们肯定会在协助拍摄的名单中感谢您，但是像制片、编导的职务可能不行”。刘秘书听了，面有不悦。

第二天一大早，刘秘书给我们安排了一辆商务车。加上他、司机、摄制组的四个人，一共六个人从B市中心出发，开往老兵住的村庄。我问小王今天我们要拍谁？小王说她也不知道，是刘秘书找的。刘秘书说，“老人家姓孙，我很熟的，我们这边记者要拍，都是安排这位老人，他形象很好，表达也流利，非常适合上镜。我已经给村长打过招呼了，咱们直接去就行”。中午十一点，我们到了老兵的家里，村长、老兵全家人都在家里等着。老人之前就被通知今天会有A机构的导演来拍摄他，还特意穿上了当年的军装。在老人的家里吃了中午饭，我们就开始工作了。小王让小加选择一个合适的采访地方，她要立刻开始采访。因为老人说的是某省方言，所以刘秘书就暂时成为翻译。采访结束后，小王让小加拍一些老人家里的镜头，刘秘书赶紧挡在镜头前，说“这些地方脏乎乎的，不好看，就不要拍了吧”。小王没办法，只能让小加去拍老人家干农活的一些画面，这期间，刘秘书又不停地来催，“快点拍吧，要不然我们今天赶不回去了”。

下午，我们一起看了今天拍摄的素材，小王觉得很不满意。第一，老人因为被很多新闻媒体采访过，所以他的回答比较模式化。第二，今天拍摄的老人生活的画面，因为在很多人的注视下，老人的动作很不自然，这样拍出来就比较“假”，不像是纪录片。小王希望能记录一些老人在没有被打扰下真实的生活场景。当小王和老人闲聊时，得知一位当年的老战友后天要来看望老人时，小王觉得这是很好的纪录片画面，所以决定摄制组留下来，等到后天。但是刘秘书听了之后非常不高兴，“王导，我知道你是为了艺术，为了拍到更好的画面，我很欣赏你的敬业。但就是为了那几个镜头，我们所有的人，都要等到后天，这是不是值得？再说了，如果他的战友后天因为事情没有来，那我们不都白等了吗”？小王丝毫不退让，“刘秘书，请你理解，因为我们拍的是纪录片，不是拍新闻，我们需要深入老人的生活中拍他真实的生活。我觉得后天的事，非常值得我们所有人留下来等待。老人和他的战友 5 年没有见过了，这样的画面是有真情实感的，用在片子里一定很好”。刘秘书说，“那你看这样行不行，我找村里的其他老人，来演他的战友，就几个镜头嘛，你们拍一下就完了呗”。小王有些生气，“那不可能，他们又不是演员，你让人演的话，他们也会不自然”。刘秘书说，“你看这附近也没有宾馆，我们只能住在老乡家里，但这里根本没法住嘛。要不咱们先回市里，后天我再送你们来”。小王说，“我觉得我们就不回去了，明天在这里还可以拍摄一些别的画面，回去了就什么也拍不到”。看刘秘书很为难的样子，小王说，“这样吧，刘秘书，你看这样行不行，你把我们放在这里，你和司机赶回去，后天拍完了再来接我们”。刘秘书觉得只能这样了。傍晚，刘秘书和司机就赶回 B 市，而小王、小平、小加在村子住了下来。

第三天，老人的战友来看他，两位老人一起回忆当年的情景，虽然现场小王听不懂他们在说什么，但这些画面都被摄制组记录下来。这些画面，最后成为《文化中国》中最感人的一个段落。

以上是我在田野调查中的一段经历。在这个案例中，导演的坚持取得了胜利，也拍到自己想拍的画面。但是也许在其他的我没有看到的案例中，导演不得不妥协让步。我们能看到，当创作者远离单位环境时，反而陷入更大的网络结构的劳动控制中。我们需要思考的是，这种控制是如何实现的？首先，在远离城市的地方拍摄，制片总是非常困难的一项工作。虽然 A 机构的团队中有一个人专门负责制片，但是联络拍摄人物、安排食宿交通等烦琐的工作，最好还是有当地人提供建议和帮助。这时如果有当地政府官员出面打通上下关系，这就为纪录片的拍摄提供了极大的方便。其次，对于基层的宣传干部来说，他们是十分欢迎电影、电视剧在自己管辖的领地拍摄。因为他们政绩的最佳体现，就是有关当地的文化影视产品的出现，特别是这些产品还和自己有直接的关系。所以，当有纪录片工作者来到地方上拍摄纪录片，基层的宣传干部们不仅不敢怠慢，更会全程安排陪同，担任剧组的制片工作。于是，纪录片工作者需要基层的行政力量帮助，同时，基层的宣传干部也需要纪录片增加自己的政绩，双方就达成共谋。在这种共谋下，来自 A 机构的纪录片工作者和来自基层的宣传干部开始了合作。但是，这种合作不可避免地促成行政力量对拍摄的控制。第一，作为基层的文化官员，他们肯定希望纪录片拍摄的都是当地愿意展示的一面，并回避不愿意展示的一面。如果导演的创作没有顾及这样的原则，双方的矛盾就会升级。第二，基层的宣传干部们并不是专业的纪录片工作者，他们很难理解纪录片拍摄中的等待和发现。也就是说，纪录片拍摄的随机性、偶然性和行政机构的按部就班很容易形成文化上的冲突。虽然在以上两种情况下，纪录片工作者都会有被控制的感觉，但是他们内心往往也充满了矛盾。小王告诉我，“我知道有一个当地的人跟着我们，创作必然会束手束脚，而且整个拍摄会变得很官方。但是有他在，我们就省了很多麻烦，拍摄周期会大大缩短，他还能给我们提供很多拍摄的线索。所以大多数情况下，我还是会找当地的干部”。

相对于小王的矛盾，小楠的态度更为坚决，他给我讲述了他的一次痛苦经历，“有一次我们在山西拍摄，每天都要和当地的领导开两个小时的会，听领导给我们做报告，那个领导每天都能给我讲 20 多条他的拍摄想法。不仅如此，我们还要让他看我们今天拍摄的内容是什么。从那以后，能不联系当地基层我绝不会主动联系，我们自己想办法，拍摄可能会慢一些，但是我觉得心不累”。

三、脚本的故事

当纪录片导演拍完所有的故事后，就进入后期制作的阶段。在这一阶段，首先，导演要根据前期实际拍摄的内容写出脚本。其次，导演根据脚本完成剪辑。最后，导演为画面上字幕，包装合成。如果说之前的策划阶段是头脑风暴，拍摄阶段也是集体合作的，那么在后期制作阶段，导演需要静下心来，一个人面对所有问题，他要把之前所有的想法创意以及拍到的素材连接到一起，形成完整的故事，这是极具挑战性的工作。虽然中心里给每一位导演都配了剪辑的电脑，但是大部分导演还是选择在家工作，小维告诉我，“办公室并不适合创作，没有人喜欢在别人的监视下写作和剪辑吧。后期的工作要不停地写，不停地剪，不停地修改，这是需要灵感的，我习惯在家做这些事情，这样不会被打扰”。导演们选择在家工作，是出于安静、自由、免于打扰的理由，同时，这也间接地减少了后期阶段的控制。但这只是理想状态，实际我看到劳动控制仍是十分明显的，最直接的表现就是对于纪录片脚本的重视。

根据影视文化产品类型的不同，脚本也存在各种形式。比如故事片的脚本，叫做分镜头本，包括演员的台词、摄影构图等元素。在故事片的创作中，一般都是先有脚本，再根据脚本进行拍摄。但是纪录片不同，纪录片是先拍摄，再根据拍摄内容写脚本，脚本包括画面内容、解说词、人物采访。在A机构，老李十分看重脚本的写作，“写作脚本的过程很重要，甚至比拍摄过程还要重要。拍摄时，你记录的都是琐碎的故事和人物，怎么把这些素材提炼出来，怎么把这些素材结构起来，形成你要表达的东西，这个是要见功夫的。我的要求是，导演拍摄完了后要尽快写出脚本，脚本不写完，是不能开始剪辑的。我只有看了他们的脚本，我才能放心呀，才知道他们拍了些什么，他们到底想要表达什么。我从脚本就可以看出来一个导演的水平怎么样，好的导演必须是一个好的写作者”。

A机构对于脚本的重视还可以在很多细节中体现出来。首先是脚本修改的复杂程序。每一个导演写完脚本后，老李看了都会提出意见，导演根据他的意见再修改，修改完了再发给老李看，在这个基础上老李再次进行修改。这样一来一往大概三四回，稿子就差不多定下来了。我在导演们的电脑桌面上，经常能看到脚本1稿、2稿，甚至5稿的字样。等所有稿子改完后，老李再报送给领导，等待领导的意见。据A机构的导演们说，一般老李改完后领导不会再有什么修改，但是领导把关的流程是必须有的。当领导最终通过稿子后，导演们才可以开始下一步的剪辑。

除了漫长的修改脚本的过程，领导们看纪录片的方式，也说明A机构对于脚本的重视程度。小王给我形容了领导观看纪录片时的场景，“我在A机构做纪录片的感觉就是，词比画面重要。我们做完片子都会让领导提提意见，因为领导们都是文字出身，他们一辈子都在看稿件，你现在让他们去看纪录片，他们当然还是按照文字思维去看。我之前参加过领导的看片会，所有的领导都是盯着手里打印出来的脚本，在上面画圈。他们根本不看画面的，只听着声音，就把这个片子看完了”。

正因为文字在 A 机构里的特殊地位，所以只要导演们一完成拍摄，老李就催他们尽快写作脚本。在前期拍摄中，他不可能清楚每一位导演的拍摄情况，也就无法提意见。但在后期阶段，只要看到脚本，就知道导演们到底要表达什么。但是，导演们也并非是任人摆布的木偶，他们也延伸出一套各自的方法，来回应这种控制。最常用的办法就是拖延。我经常看到老李在微信群里或者电话里催促导演交脚本，可是导演们会以各种理由推脱交稿子的时间。有的导演早就写好了稿子，却故意不交给老李。甚至我发现，有的导演，在没有得到稿子通过的指示时，就已经开始进行剪辑。大周就给我分享了他的经验，“我们都拖着，谁也不会很快就把稿子交了。大家都不傻，都知道交得越早，领导就修改得越多。我一般都会拖到截止日期最后才交，那个时候领导已经没有太多时间修改了，改动也不会很大。另外，我还有更大胆的策略，因为老李也是人，他又不是机器，每个人的稿子他都要改，还改很多遍，有时候他也记不住到底改了哪里。所以我会把他改的一些地方，偷偷再改回去，只要做得比较隐蔽，他根本发现不了。如果他发现了，也没事，我就说我搞错了”。

我们看到，在整个生产制作过程中，老李其实是作为 A 机构的把关人，承担起控制生产的角色。无论他怎样催促导演们尽快完成脚本、设计复杂的修改脚本的规则，还是导演们怎样想方设法逃避，这都是一场针对纪录片控制权的互动游戏。脚本看上去好像只是那么几页纸，是指导导演们剪辑的提纲，但是它蕴含着纪录片劳动过程中具有意味的文化含义。因为脚本，既是纪录片的文本，也是纪录片的话语。

四、自我控制与常规

上面我们看到关于纪录片脚本所展开的互动。在田野调查中，我先入为主地认为，随着导演们最后把脚本交给主管，即他们的想法和创意暴露在上级面前，他们的思想一定会遭遇大量的修改。但实际上，我的猜想在《文化中国》的案例中得不到任何的证明。我有意识地把所有导演原始的文稿和老李修改的文稿前后做了对比，虽然发现了很多修改的痕迹，但是这些修改都是关于文学性。老李解释了他对于文稿的修改工作："我们这里的导演还是很让我省心的，业务水平都很高。一般交到我这里的脚本，内容上肯定都没有什么问题了。我们的导演很清楚什么话可以说，什么话不能说，所以我基本上不会做太大的修改，就是润色，是那种文学性的修改，比如让解说词更通顺一些，有些啰嗦的话要去掉，有些词不合适的就换掉，有的导演写的词不太适合画面表现，就给他们改一下，我基本上做的就是这些工作。"

虽然我在和导演们的聊天中，他们都会特意强调自己对个人表达的看重，并痛恨上级对自己的脚本的修改，由此而展开各种各样的方式拖延交稿或者避免修改。但是，当我在实际的生产劳动中，并没有发现导演们诉说中的情况发生，相反，稿子在老李的修改下，因为文学性的提高，反而会变得比原来的好，小徐就和我说过“每次老李给我改的稿子，我觉得都比我原来写的更好”。

一个导演的脚本，是他对于纪录片的构思，也是他对于作品的全部想象。这本应是个人化、艺术化的表达，但是我发现他们交上来的脚本，无论是字数、格式、风格基本都是一样的，甚至连内容也都符合组织上的期待，所以基本上老李只需要稍微润色就可以完成脚本的审核。这是一个十分有趣的现象，但也是一个情理之中的结果，其原因是导演们的自我控制。在这里，我们有必要重新思考一下控制的复杂含义。在大多数情况下，控制的确是自上而下的权力的行使，但控制的关系是复杂的，至少不是组织控制个人这种单向对立的模式。在单向的控制背后，也具有反向的个体的自我控制。之所以导演们的脚本呈现彼此相同的特点并且完成度很高，就是因为导演们在内心深处已经产生不自觉的自我控制。导演们会思考什么可以说什么不能说，会猜测组织喜欢听什么样的话，怎么才能说得更好。在这样的思想活动下，个人完成自我的控制，结果自然就是修改的地方很少。小王构思《文化中国》的脚本过程就很能说明这种自我控制，“这集的开头我本来写了一个关于诺亚方舟的故事，引出人类命运共同体这个大的话题。我本来觉得这个故事很好，但是细想一下，觉得这个故事宗教色彩太浓了，写的也不是中国的事情，最后我就把这个故事去掉了。你也知道，就算我把它写上，最后也有可能被领导删掉”。

小王的自我控制是为了规避修改。同样，在向我阐述构思《中国力量》时，小楠的自我控制更多的是迎合组织的要求，“我这集讲的是中国企业走向世界。其中一个故事是中国钻井队在科威特修建工程，获取能源的故事。因为这个片子是有外宣色彩的，是要给外国人看的，我太清楚领导喜欢什么样的片子，就是不能让外国人看了有‘中国人来了！’的感觉。所以我在写稿子的时候，特别强调了钻井队对当地人的帮助，给当地人提供了很多就业的机会。”

当导演们在和我分享他们的经验时，实际也是在展示他们如何在创作中自我控制，满足组织的规范和期待。我们可以以上文提到的小王的例子作为假设，如果一个没有经验的年轻导演来到A机构，按照自己的想法以一个诺亚方舟的故事开始纪录片的讲述，但是这个故事很可能在之后的修改中被删掉。那么对这个导演来说，他的经验是这样的故事不可以出现在纪录片中。所以在以后的创作中，他便会自我控制，尽量避免文稿中出现相关的内容。这种自我控制的理由，来源于所谓的经验，也就是常规。我在和导演们交流做纪录片的经验时，他们会强调“我一般的做法……”“我们这里的要求是……”“我的经验是……”“我必须……”类似这样的语句，可以看出，他们在进行文化创作时，会有意地寻求一种工作中的常规。

布尔迪厄认为，在社会生活中，习癖中介了社会与个人，具有指引个人实践的能力。透过生活经验，个人会逐渐积累某些习癖，然后以此为感知世界的认知系统，并接受习癖指引行动。布尔迪厄提出的习癖，在工作中就是我们上文提到的常规。常规是经由学习和积累，个人用于每天处理工作任务的习惯方式。它就像自动导航设备，引导个体用最快捷的方式完成工作，不至于因为和组织冲突而遭到组织的惩罚。①

创作中常规的出现是个人借由不断猜测、不断朝组织校准的过程

① Bourdieu, P. The Logic of Practice [M]. Stanford publishers, 1990.

而形成的。一旦形成常规，创作者在思维定式的作用下，逐渐形塑一种自我约束、自我控制的状态，变得只是习惯性跟随常规前进，而放弃突破和改变。个人往往因为习惯常规带来的现状与安全感，不自觉地放弃了自己能动的可能，最终只是有意无意地跟随组织设定的规则而行动。这时，常规成为创作者心中自我裁判的法则，产生内在的约束力。因为习以为常，或者这些常规已经内化为专业能力的一部分，使创作者很容易忽略自我控制对工作的影响。

在 A 机构，这种工作中的常规是无所不在的。虽然纪录片的创作没有任何规则可循，但是每一位导演心中都有他们的习癖。小维说，“拍摄人物时不能只拍人物，还要拍摄一些空镜”。小王说，“一般半小时的纪录片，解说词写 5000 字刚刚好”。大周说，“剪辑时音乐可以很好地渲染情绪，这时候把画面做成慢动作会更有感觉”。这些导演们随口说出的经验之谈，可以放到纪录片的教材中教授学生们，但对于我，一个调查者，面对人们习以为常的常规，正是引起疑问和思考的地方。导演们所谓的经验，是他们在组织约束下长年累月的习癖，这是组织控制以及自我控制的双重结果。

越是有经验的年龄大的员工，他们自我控制得越深，也往往越符合组织对他们的期待，他们往往被称为专业好；相反，资历浅的员工自我控制的意识不是很强烈，A 机构的一位实习生小东和我聊过，“我刚来中心实习的那段时间，每天坐在办公室也没有什么事情，老李就给我布置了一些任务，他给了我一个清单，里面都是纪录片，让我没事多学习学习。清单里面大部分都是 A 机构以前做过的片子。我就天天看，看得我都快吐了，全是一个模式，宏大的解说词配合画面，再接人物采访，再接解说词，再画面，再接下一个人的采访，煽情的时候就来点音乐，说实话这样的纪录片挺没有意思的，千篇一律”。

实习生的态度反映了一个局外人对常规的看法。在一个成熟导演看来，这些自我控制是有经验的表现；但在新手看来，是僵化的、一成不变的条条框框。随着新手的经验增多，他逐渐会接受这些条条框框并且开始自我控制，最终也成为一个专业好、有经验的成熟导演。很多时候控制要成功，需要工作者某种形式的自愿配合，而这种自愿配合也打破了二元对立的关系，让控制不只是来自外在，不再只是来自组织或者组织的领导者，而是混杂着个人主体的成分。从这个意义上讲，控制是向人内心的延伸。

第四节 做片子的职业倦怠

本章以上的几个小节展示了纪录片的劳动过程如何受到创作者之外的因素控制，以及纪录片工作者怎样对这些控制施以行动上的回应。在双方彼此的互动中，纪录片工作者的心理层面并没有展开讨论，他们如何看待自己的工作？他们又如何看待自己？这些问题是非常重要的，因为看待自我的方式将会影响个人要做什么、想什么、感觉到什么。所以这里，我们将回到这些纪录片导演的内心世界，来重新检视个人主体性的相关问题。从理论上说，一个人工作的意义有三种，分别为金钱、道德与专业。个体无论从事什么样的职业，他的诉求无外乎以上三点，要么满足金钱物质的需要，要么为了符合社会道德的评判，要么是自己的工作具有专业意义。那么，一个以纪录片为职业的人，他是否能得到与劳动付出相对应的酬劳，是否能通过纪录片彰显自己的社会责任和道德标准，是否纪录片的专业技能可以带来荣耀感和成就感，这些都决定着纪录片工作者如何看待这份工作，也决定着他如何看待自我。

我在 A 机构进行田野调查的这一年中，会经常和 A 机构的员工聊天，免不了听到他们对于工作的倦怠。关于工资待遇问题，我们已经在本章的第一节有过讨论，这里就不再赘述。除了金钱的问题，专业的失落与道德上的困惑也是体制内纪录片工作者倦怠的主要问题，这也进一步引发我们的思考，纪录片工作的意义到底是什么？纪录片相对电影、电视剧而言始终是小众的文化产品，缺乏足够的关注一直是困扰纪录片产业的问题。虽然纪录片的从业者拥有导演、摄影师、剪辑师的头衔，并且具有一定的专业知识和技术生产文化产品，但无奈的是他们的工作不能够为个人带来足够的荣耀感和成就感。纪录片的从业者们，在影视行业一直都是边缘化的群落。这种情况在 A 机构就更加明显了。因为他们做的纪录片都是命题作文，这种纪录片相对而言市场价值比较低，社会的关注度和影响力往往也比较小。小维就和我分享过她的经历，“最尴尬的事情就是要向别人解释我是做什么的。我和初中同学聚会，大家问我现在做什么，我说做纪录片。别人就会问什么是纪录片？是《舌尖上的中国》那种吗？我只能说差不多吧。我也懒得向他们解释我们做的纪录片是哪种，也解释不清楚。还有我爸妈，经常问我做的纪录片哪里能看到，我都没法回答这个问题，我只能送 DVD 给他们看”。

小王的爸爸是中国著名的纪录片导演，相对于父亲曾经创造的辉煌，她对于自己的工作充满了失落的口气，“20 世纪 90 年代的纪录片导演在电视台里都是很风光的，受人敬仰，感觉比记者还高一头，那个时候纪录片导演就是电视台的‘掌上明珠’。我爸虽然挣得也不多，但是他受人尊敬。我记得他也很辛苦，经常不回家，一两年才能出一部作品，但从台领导到普通记者，每个人都认识他，觉得他很厉害，我爸也非常得意。但是现在同样是做纪录片的，我一点也骄傲不起来，按理说我们也是专业技术人员，但是和医生、律师相比，我们这点专业技术算什么呀，其实就是技术工人。只有我们自己把自己当回事，觉得自己是导演，是一个文化人，每一部片子都认真去做，就像一个小学生特别希望得到老师的表扬一样”。

小王是A机构最努力的员工，也是同事心目中专业最好的导演，但是在与她的交谈中，我既感受不到工作当中获得的满足，也感受不到职业的荣耀，更多的是从她的抱怨中看到理想与现实差距下的失落。和小王一样，小伟也是出色的导演，她告诉我，“这些年A机构做了不少片子，但是我真的没有什么成就感。虽然这些片子也会得到一些行业的奖励。但是我知道之所以能得奖，不是因为我做得好，而是因为题材重大，就像《文化中国》这样的片子，接到这种任务我就知道片子最后肯定能得奖，但是得奖和我没有关系，和我的才华、努力统统没有关系”。

纪录片工作者的精神失落，是体制文化工作者都会遇到的共同问题：专业的技术与知识并不能让导演们有作为知识阶层被人尊重、被人需要的感觉。虽然有很多纪录片工作者只是把纪录片当做挣钱养家的手段，但对更多具有知识分子情怀的纪录片工作者来说，他们很容易因为道德的焦虑而产生内心的挣扎。体制内的导演们不仅要面对自己的拷问，很多时候同行的评价也让他们面临着更多的心理压力。一般而言，体制外的独立导演都会对体制内的纪录片工作者充满嘲讽。小维大学时的一位同学叫做小琪，她们俩上学时关系很好，都有做纪录片的梦想。毕业后小琪以自由身份制作独立纪录片，小维来到了A机构，但这之后小维明显能够感到小琪对她工作的不屑，她告诉我，“小琪一直劝我辞职，我们只要一谈工作就会吵起来，她说我做的这种纪录片她根本就看不上，她觉得我背离了当初的理想，我也是做纪录片的，凭什么我就会被别人这么瞧不起呢”？

别人对个体的评价和期待，会影响个体如何看待自己。纪录片是一种文化工作，具有崇高的精神属性，所以社会对于纪录片工作也抱有很高的期待，认为这是有批判精神、说真话的职业，认为纪录片工作者应该是有良知的知识分子。但当外界的期待与残酷的现实产生差距，或者遭受同行的白眼时，纪录片工作者们难免产生心理波动，甚至是道德的困惑。他们会不自觉地追问自己到底是谁？工作的意义到底是什么？如果这种困惑难以解答、专业的失落感难以排解，那么纪录片人工作中的倦怠情绪和无力感便会逐渐出现。小伟说，“工作这么多年，我没有任何的成就感。”小平说，“每天回到家里我都不知道自己这一天干了什么。”小王说，“我现在真的很累，有点拍不动了……我打算明年生个孩子，休息休息，慢慢回归家庭吧。”大周说，“我安慰自己的方式，就是告诉自己，这只是一份工作而已，没有什么大不了。”在A机构，伴随着大家的抱怨，所有人都似乎失去了创作的激情和动力。纪录片，这个原本充满理想与情怀的文化职业，最后却成为大家为了生存而不得不去面对的单调工作。

A机构员工们喋喋不休的抱怨，很明显反映了纪录片工作者关于金钱、专业、道德的内心挣扎；同时，在抱怨行为的背后，我也发现了一层更深的意义。在我田野调查期间，有许多与有趣的抱怨同样吸引着我注意的事情，比如我每次到办公室时，摄影师小杨都会找我来聊天，我甚至发现只要我一出现，我们交谈的话题就少不了他的困惑和抱怨，我觉得他的抱怨好像只是想讲给我听。同样的情况也发生在办公室人员老魏的身上，他也很喜欢找我来诉苦，我发现每次他向我讲述自己痛苦经历时脸上都会浮现愉悦的表情，但后来我知道有很多事情并不是他自己经历的，而是他听别人说的。另外，我也发现导演们经常会夸大自己所遭受的不公，比如他们中有的人会故意把自己的工资说的比实际少，以及用一些不存在的事实夸大自己遇到的困难。

我在这里提到这些个例，并不是想说明纪录片导演们的不诚实。我真正想说的是，他们的抱怨行为，可能在面对我（一个观察者）时体现了一定的表演性。个体所呈现的抱怨状态，可以说明体制内纪录片工作者所遭受的不公和他们内心的不平静，但同时，他们在访谈时所表现出来的表演性也有意夸大了他们遭受的不公和他们内心的不平静。

台湾学者张文强在关于新闻记者的访谈中，注意到很多记者喜欢针对媒体组织唱反调、讽刺、抱怨，以维护自己知识分子的主体性。他说，“在新闻工作者无力或者不敢反抗，却又不满被控制的情况下，抱怨本身就是意义所在。透过抱怨，在无奈的感慨中，找到一种安全方式回应组织控制，展现自己并非事事受制于人的新闻工作者，告诉别人自己不是乖乖仔，在研究者面前表示出自己所具有的主体性。对自己或者别人诉说，即使遭受组织控制，即使缺乏实质对抗，但自己终究是有知觉、有所回应的，并非完全不作为、缺乏主体性的个体”。①

对应张文强对台湾新闻记者的观察，我在内地的纪录片人身上也发现了类似的现象。很多时候，抱怨的意义并不在于抱怨的内容，而在于使用语言本身的行为，这就像是提供了一种廉价且安全的策略，让这些纪录片人得以在抱怨的过程中，减轻自己的心理负担，疏解自己不自由的感受。这种策略是在承认劳动控制的状态下，对于控制的回应，展现的是一种消极的无奈。对于一个组织而言，这些抱怨不会带来太多的负面影响，甚至像是预留出来的情绪宣泄的出口，让纪录片人不会因为无处宣泄而要显示对抗的姿态。对于纪录片工作者来说，当然也不会单纯到认为可以透过这些抱怨解决什么问题，或者借此改变什么。选择去做这个举动本身就是唯一的意义，象征着自己多少还有着主体性，而非全然被动的个体。

① 张文强．新闻工作者与媒体组织的互动［M］．台北：秀威出版社，2009.

附录一：甘肃拍摄的田野调查笔记

笔记内容提要：2015 年 7 月 27 日至 8 月 5 日，我跟随田野中最主要的研究对象小宇和他的助理小天到甘肃进行纪录片《种子》的后续拍摄。这一周多的时间，我们一直和《种子》的主人公张大军和他的未婚妻李萍生活在一起。作为一个局外观察者，我也见证了纪录片拍摄者和被拍摄者之间错综复杂的人际交往和彼此影响。正是应了一句话：拍摄纪录片就是把实际的人际交往和电影创作结合在一起的实践。

2015 年 7 月 27 日

早上六点二十的飞机，最便宜的航班，从北京飞往兰州。九点半到达兰州，坐一个小时巴士到达白银市，又包了一个出租车到达靖远县来窑村，这里是张大军的老家。西北的地貌显露无遗，人烟稀少，光秃秃的岩石。小宇说，之所以到这里，是因为最近一段时间大军的未婚妻李萍来家里住，所以小宇想拍摄新的家庭关系。包括之前没怎么拍到张大军的奶奶、妈妈、弟弟妹妹，所以想这次的重点是拍一些家庭关系的问题。还有就是要补拍一些之前没有的空镜，小宇已经把要拍的内容列在了表格中。十二点到了村里，但是张大军没在。我们三人到村口一家面店点了三碗肘子面两瓶冰啤酒，小宇说，这就是我们这次的开机饭。西北夏日的中午，炎热，我们三人百无聊赖地躲在面店里等着主人公回来。小宇一遍一遍地给大军打着电话，但是电话关机了。小宇骂，肯定是大军知道我们要来故意关机的。饭后，小宇提议去买些西瓜，给人家送去。我们滑稽地一手拎着西瓜、一手拿着设备，又往家走。小天说大军还是很配合拍摄的，他经常对着小天说，好好干！好好拍！小天记得张大军看了《种子》的预告片之后激动地说，将来首映的时候，自己一定会哭。

我们走在村里的小路上，小宇说华北那边有一个村很奇特，家家都要盖楼房，有的家里二楼只盖了一面墙，冲着行人，以显示家里起了二层小楼，有的家里实在盖不了二层，就把地基垫高，这样看起来一层小楼就像是二层楼。一家垫高之后，家家垫高，最后这个村里的交通成了大问题，农村之怪诞，可见一斑。在一墙之隔的奶奶家，我们坐着等大军。大军的弟弟妹妹都在上学，爸爸常年不回家，妈妈也经常去兰州打工，所以奶奶是家里唯一常年留守的人。奶奶说今天早上大军的妈妈回兰州去了，听到这里，小宇小声地说，那还拍个毛呀！纪录片的不可预测性实在太大。奶奶说大军出去给刚出生的小狗找羊奶了。正说着，一个胖女孩风风火火地冲进门，骂骂咧咧。这就是张大军的未婚妻李萍，我以为是一个文静的媳妇，谁知道是一个满身文身的疯丫头。李萍拿着羊奶瓶开始喂出生一天的小狗，说为了找羊奶张大军开着车去了县城，但是回来的路上车坏了，可能还需要一会儿才能回来。小宇一直在拍摄，小天负责收声，他基本上一个人负责两个机位，一台机器摆好后录着，另一台机器他可能找一些不一样的角度。大概半小时后，小宇听到了车的声音，赶紧在屋外架机器，果然是大军回来了，他在身上新文了两个文身，是两个圈，他对面前的摄像机熟视无睹直接走过。张大军看到小宇只是点了点头，并没有特别打招呼。

大军知道我们要在这里住一阵子就给我们三人分配房间，他嬉皮笑脸地开玩笑，这个房间多少多少钱。因为是今天一大早出发，所以大家都有些累了，倒头睡了午觉。下午五点日头下去后，我们开始拿着航拍器在村口的玉米地转悠，小宇这次特意带了航拍设备，这在独立纪录片中并不多见。他说想拍一些不一样的有气势的镜头，也有可能放到片子里会有些怪。下午的工作场景中，小宇一直在拍航拍的空镜。在西北贫瘠的农田上，突然出现一个嗡嗡作响的白色飞行物，和周围的环境很不协调。小宇拿着航拍素材让张大军看，张大军并没有显示特别的兴趣。

图1　小宇和小天在调试航拍器

李萍做了一桌子八个菜，晚饭后，大军坐在院子里听歌，小宇架起灯光拍摄，对此大军习以为常，左小祖咒的音乐在狗吠羊叫的环境中向村外延伸。

图 2　夜晚拍摄中

李萍在院子里一边洗碗一边接受小宇的采访，小宇让她一边干活一边说话，这样显得自然一些。李萍讲了自己精彩的生活经历，她说自己是张贤亮的侄女，说她从高中开始拍摄婚礼，大学在成都读的影视专业，但是基本上没有上过课，考试也挂了很多科，因为打架也得了处分，但是她还是拿到了毕业证和学位证，她也拍纪录片，拍了伊斯兰文化的纪录片，大学毕业开了影视公司，但是钱被人骗了，所以现在公司也黄了。她在文身的时候无意中听到了张大军的歌，所以就去找了他。说到这时候，大军到院里不满意地说，别说了，别说了。话题就此打住。其实在小宇采访李萍的时候，大军一直在催促着，他说需要李萍帮忙洗澡，也可能是不想让她多说话。张大军的家里没有浴室，只能把水接到盆子里，在院子里洗。他明知道小宇的机器架在院子里，还是大方地在院子里脱光，洗了起来。当然，他也会不满意地喊几句，这他妈也拍！随着起哄的人越来越多，围墙外都开始站着小孩看大军洗澡，本来是一件再私密不过的事情，因为有摄像机的参与，变成了一个观赏节目。洗完澡，小宇拿着拍摄计划给大军说这次要拍什么，比如要拍他在玉米地里走什么的，大军都很干脆地回答说没问题！小宇给大军放两年前拍的镜头，他看着自己出现在电脑里，说简直不认识。小宇很有策略地放了一些不错的镜头，大军激动地说，我一定会火的。这是我今天看他第一次这么高兴。大军有些忘形，说，“小宇，我想亲你一口”！

2015 年 7 月 28 日

小宇头一天说今天早晨六点起床拍日出，但是到了十点小宇才起床，小天说他经常这样。我和小天在屋子里等小宇的时候聊了起来。他说之前拍《种子》很辛苦，特别是张大军巡演的阶段每天基本上都处在奔波的状态，从这个城市到那个城市，所以两个月的时间没有办法洗衣服，小天说冬天穿得很厚，拍摄完都是一身汗，又没有换洗的衣服，只能等着衣服自然干，两个月之后衣服都是硬的。刚开始巡演的时候还有一个录音师，是一个女生，但是到最后实在是坚持不下来就跑了。

图 3　航拍黄河

等小宇洗漱完大概十一点的时候，我们坐着出租车去靖远县城，在那里航拍了鼓楼和黄河的空镜。

整个下午我们没有拍摄，一直在买菜。小宇说我们摄制组这次肯定要打扰人家，所以帮着买些菜，就算是交两个礼拜的伙食费，这其实就相当于昨天我们一到大军家就去买些西瓜，毕竟纪录片中和被拍摄对象搞好关系是十分重要的。今天买菜竟然花了 200 多块钱，包括鸡蛋、鱼、啤酒、蘑菇、辣椒、苦瓜、蒜薹、菜花、白菜、娃娃菜、葱蒜、茄子等，三个大袋子都装不下，看着小宇跟着李萍在菜市场转悠，挑拣蔬菜，讨价还价，很是滑稽。在交钱的时候，大军未婚妻李萍也主动掏钱，但是小宇抢先付了。末了，李萍对着大家说，“其实买菜才 200 块钱，你们想一想，两个礼拜，要是每天都在外面吃有多贵!”我们在菜市场等出租回村，但是一等就是一个小时。我和大军闲聊，他说自己最喜欢阿巴斯的电影。

四点左右，村里刚好有人在扬麦穗，是一个劳动的场面，小宇很激动，让大军准备一下也去劳动。大军说，“行，我上去装装样子”。这个场面拍得很生动，既有固定镜头，也有跟拍，还有航拍。村民们可能已经习惯这样被拍，所以表现得都很自然。中间一个叔叔指着文身问张大军，你身上的这是什么？张大军说，是文身。但是这段很有意思的对话小宇没有拍到，他就让两个人把对话再说一遍，两人立刻心领神会地开始了表演模式。小宇说他今天晚上就会把这个段落剪出来，看能不能用到片头里面。小天告诉我，他们一直缺一些劳作的画面，但是又不可能让大军去地里干活，那样就太假了。所以遇到这样的劳作场面，可遇而不可求，非常好。

图4　大军扬麦穗

傍晚时候，小宇设计了一个航拍镜头：张大军在玉米地里狂奔，冲着呼啸而过的火车招手。小宇想这个有象征意味的镜头用航拍完成。所以他之前就计算好了火车经过靖远县的时间，大概六点五分，所以五点四十五的时候，摄制组带着张大军就往玉米地走。趁着火车还没来，小宇赶紧给大军讲戏，像是剧情片的导演在给演员讲怎么演，大军也立刻明白，但是航拍器根本没法跟上大军在玉米地里奔跑的节奏，当大家还在试验的时候，火车的汽笛声已经响起，这意味着没有机会练了只能实拍，行与不行都是一次过。结果可想而知，不甚理想。

晚上，李萍给大家做了臊子面，基本上每个人都吃了三碗。饭后，小宇在屋子里采访张大军，问他，什么是泥土味？大军说，就是雨后玉米地的味道。还问了为什么要和李萍结婚？大军说，因为李萍是一个开朗的女孩，说话好听，她能完成自己一直实现不了的事情，就是滔滔不绝地讲话，讲得非常好听。和这样的女孩在一起，很幸福。小宇问，“昨天看了我们两年前拍的素材有什么感受”？大军说，觉得自己很牛逼，当时那么苦。

晚上睡觉前，我又和小天聊天，问他为什么跟着小宇拍纪录片。小天说他大三大四的时候经常去兰州的一个剧场里帮忙做志愿者，对文艺比较感兴趣，也是在这里帮忙的时候认识的小宇，他当时在拍一个演员。觉得小宇的工作很有意思，就帮着他拿拿三脚架、推推轨道什么的。小宇走之后还保持着联系，有一次和小宇喝酒，就说能不能毕业了以后跟着他干，小宇听了很高兴。所以小天一毕业就直奔北京投靠了小宇。

2015 年 7 月 29 日

小天和小宇早上五点就起床航拍日出，两人拍完回来继续睡觉。十点多的时候小天来找我聊天，他说，“这次来大军家，感受很不一样，就是因为李萍的存在。之前拍《种子》第一次来，当时大军还给我们端茶倒水，但是我们大部分时候还是大眼瞪小眼很无聊，大军也很烦躁每次我们的吃饭问题。这次就不一样，李萍带来了欢乐，把这个家操持得很好，完全不用大军操心。所以大军娶李萍是非常合适的，大军因为口吃，他的家庭也是破碎的，所以他没有办法把家庭关系摆平，但是李萍是一个非常有感染力的女孩，她可以替大军说话，而且现在把这个家维系得很好，起码让我们看到了她有这样的能力，所以她让大军看到了生活的希望。可以这么说，是李萍治好了大军的结巴，打开了他的心结”。

十一点的时候，大军拿着一个 DV 来找小天，说这是他今年从京东上买的，然后一直在拍自己和李萍的故事。小天开玩笑说，“你现在比我们还专业呀”！大军更得意了，展示了一下今天早上在村口拍的画面，一个老汉在卷烟抽，小天想要这些素材，但是大军说，“给你们可以，但是得给钱”。小天也很机智，“你不给我们也可以，但是我们还需要你去演，你还不如把素材给我们，我们就不拍你了，以后我们不再烦你了”。这段对话挺有意思，不管是不是开玩笑，被拍摄对象已经变得非常专业化，竟然在向拍摄者兜售素材。

中午我们一起又去了村口的肘子面店，大军问小宇，片子做完了会去参加电影节吗？小宇说可能参加东京电影节、金马奖，一桌子人一下子兴奋地开始模拟金马奖的颁奖场景，小天打趣地说，“如果我们得奖了，我在台上负责哭，大军负责结巴”。大军特别配合，故意结巴地说，“感……感……谢……谢……”小天又开始畅想和范冰冰合影的场景，大军显然更关心别的事，他问纪录片可以得最佳男演员吗？他还建议将来无论去金马还是别的地方，都希望自己也能去。一桌子人嚼着大蒜，幻想着自己的成名路。大军说，“如果将来自己出名了怎么办”？小天下意识地问，“如果是负面的呢”？刚问完，小宇瞪了一眼小天，小天立刻意识到这个问题不该问。在饭桌上，小宇和被拍摄对象开始讨论片子的结尾，小宇说可以在结婚上结束，但是大军说结尾应该是自己又开始巡演了，就像身上的圆圈一样往复循环。大军不仅参与了结尾的讨论，他还表达了更多的建议，“我觉得现在这个片子还是缺少愤怒”。小天抱怨说，“我有几次拍你骂人，你就开始骂我，不让我拍”。大军说，“你难道看不出来吗？我嘴上说是不让你拍，其实心里当时想的就是让你赶紧拍”！他们开始回忆往事，回忆曾经关系的紧张，大军说有一次是他和小天住一屋，他唱完歌，不想再被小天拍了，就偷偷跑出去了，其实就是想出去散散心，也就是半小时。等回到酒店一看到小天，就感觉小天特别紧张，问大军你去哪里了！也把大军吓了一跳。那次的拍摄关系就非常紧张，大家在那个应激时刻，都在吓对方。大家还说有一次张大军对着小宇小天发火，“你们这帮畜生！就是希望我出事”。那次小宇满城找大军，说真想抽他。我问大军为什么不让拍，大军说，一直跟着拍实在太烦了，没有任何自己的空间。小宇补充说，“对，连住酒店都不敢打小卡片上的电话了”。

回到家，大军在一辆停放在门口的轿车上坐了下来，小宇立刻拍摄，大军本来很正常，但是看到自己正在被拍摄，立刻换了一种状态、进入表演模式，他双手把在方向盘上，嘴里模仿着喇叭的声音，“滴滴滴滴。”张大军之后拿出自己的两个剧本，一个叫《纸飞机》，另一个叫《德子》。他对着镜头，开始一个镜头一个镜头地讲解他电影的画面，他手里还有一个分镜本，里面画得很潦草，只能看到分镜1、分镜2这样的字样。他说长镜头、小津安二郎等非常专业的问题，还和小宇进行专业上的探讨，他时而坐下，时而站起，用手比画着镜头的方向和发生的故事，这个时刻，要不是小宇的摄像机还在拍着大军，我真有点分不清谁到底是导演，谁又是在表演呢？大军开始有拍电影的打算，肯定或多或少受小宇他们的影响。在我看来，小宇在拍摄中给张大军施加了很大的压力，大军现在也开始拍摄自己的影片，从心理层面是想把这种压力摆脱出去施加给别人。我看了他的剧本《德子》，讲一个流氓青年出逃的故事，语言风格很有陈忠实的味道，故事也很有感觉，很难想象大军能写出这样的剧本。

现在经过两年的拍摄，小宇与大军之间的拍摄关系是很默契的，小宇评价说，“大军很会来戏”。一般而言，说演员很会演戏才说来戏，之所以这么说是因为基本上大军知道小宇想拍什么想要什么，并且总能借题发挥。在这方面，拍摄者和被拍摄者，基本上是在一起创造一个片子，他们都是这个片子的导演。也可以说，这是一种合作、共谋的关系。这种关系在下午的拍摄中体现得十分明显，小宇就像是剧组里的导演叫演员一样招呼大军和李萍去玉米地拍摄。大军嘴上很不乐意，"拍什么拍！有什么好拍的"。但是还是很听话地和媳妇走在玉米地里。而这场戏本身，就是MV的拍摄方法，一遍一遍地重复和补拍。为了突出大军在玉米地里奔跑的效果，小宇给了他两把雨伞，让他边跑边打拨旁边的叶子。回到家，小宇想让大军在院子里弹三弦，大军大喊，"你这么加戏，我得加钱了"！就像是疲惫不堪的演员，在向导演讨价还价。

晚上，李萍做了十个菜，我们共产主义快乐的大锅饭，还在继续着。

2015年7月30日

连续几天都没有早上的拍摄任务，今天小宇起来又已经十一点了。我们聊了一些他片子的内容。我说他和大军的拍摄关系还是很默契的，他说现在大军经常导演他，告诉他应该怎么拍。我们谈到大军为什么会拍电影。小宇说，这其实是一个文化问题，在全球化、金钱资本的影响下，电影似乎成了唯一的艺术表达形式，连一个唱民歌的人都要选择拍电影，可是民歌之所以能够生存，其实就是因为地域化的特点，没有地域化就没有电影。电影，似乎是现代社会艺术家们唯一的、通用的艺术表达渠道，大军也是这么选择的。小宇说他有时间准备写一个非虚构的东西，关于《种子》。他说算上大军，他已经拍摄了10个“80后”的年轻人。

早上小宇开始听大军前天的采访了，他把有意思的地方都记录下来，说这是为了写张大军的解说用的。中午吃过饭，张大军和弟弟们去修车，我们跟着拍摄，路过一片玉米地，小宇突发奇想，说，“农业是人类和自然的临界点。因为农业就是一种驯化的、有规则的自然，在从事农业劳动中，人与自然相通，得到升华”。

在修车的时候，大军开车，我们在旁边拍，因为开车很快，所以过一段时间，大军就自觉地在前面停下来，等我们，开走，再等我们。小宇说，现在这个片子最大的问题是连续性的问题，比如衣服的穿帮、季节的变换等。修车这场戏，拍的时候肯定不知道最后能不能用，但是也得按照完整的段落拍，要有他们走出院子的镜头，修车的细节，回家的镜头等。说到走出家门，小宇想用航拍，所以他远远地操作遥控，小天在院子里告诉张大军怎么走、什么时候走，并叮嘱他的弟弟们千万不要看小飞机。虽然这样像是剧情片的拍摄，但是并没有违背真实的生活，大军确实要去修车，只不过在修车这件事上，纪录片做了生活的修饰和雕琢。小宇提到这些天进度很慢，还有一个原因是没有制片在，制片应该把每天要拍的内容头一天列出来，第二天按条拍摄，这样更清楚，效率也会高。比如小宇让大军去找村里一个吹唢呐的，但是大军几天都没有什么动静，这时候制片就应该不停地催大军。小宇觉得这事不应该他去做。

我发现一个有趣的细节，大军特别喜欢逗小天，比如在吃饭的时候，大军对着小天喊，“别吃那么多”！有时候在院子里看见小天，突然莫名其妙地打小天一拳，小天也很无奈。小宇说，“其实大军这是在反抗我的权威，他不敢打我，只能打小天”。

图5 李萍做的晚饭

晚上，李萍又做了八个菜，大军非常不高兴，说做这么多菜干吗！李萍说，“人家买的菜，人家还拍你，我多做几个菜咋了”？其实大军是心疼媳妇，每天做那么多菜还洗碗收拾的，但是李萍觉得应该招呼好我们，说，“小宇他们又不是外人”。两个人吵了很久，李萍气得根本不吃饭，大军非常大男子主义，也说不过李萍，急了竟然嚷嚷，“不要你了！你滚回家去”！两人越吵越凶，我们三个和大军弟弟只能默不作声闷头吃饭，听他们你一句我一句地吵，小宇冷冷地说，“小天，你怎么不拍呢”？小宇其实是在开玩笑，小天却当真了，撂下碗筷直接要冲进屋子里拿机器，我们都被小天吓了一跳，以为他真要拍，小宇也着急了，命令道，“小天，坐下！你疯了吗？你要真拍，肯定会被打”。小宇其实还是很清楚这个根本不能拍，会引来更大的争吵。小宇小声地说，“其实就是菜买多了，李萍每天必须做很多菜才能消耗掉”。不管是不是我们买的菜的原因，但是今晚未婚夫妻的争吵，确实是因为外来的纪录片摄制组引起的。李萍和大军进屋了，骂声传到窗外，我们几个收拾碗筷，小天和大军弟弟承担了洗碗的工作，这个前两天都是李萍在做。每个人心里想的估计都是，我们每天丰盛的大锅饭，看来就要到头了。

2015 年 7 月 31 日

尽管昨天夜里大军和媳妇的吵闹声持续了一夜，据说李萍凌晨三点还在院子里哭了，但是今天早上，好像事情已经过去了。李萍笑着对我们说，今天大家给大军开批斗会，看来这场因我们而起的战争，最后以李萍的获胜告终。小宇幽幽地说，这场争吵很关键，决定了未来婚姻生活的主导权。无论如何，昨夜的不快已经过去了，日子如常。

中午，我们没有让李萍做饭，大家又去了村口那家肘子面店吃饭。大军和李萍在商量彩礼钱，因为过两天李萍的父母和大军的妈妈就会在兰州见面。李萍对着小宇说，“我爸很会演，到时候他肯定能让你们满意，双方家长谈的时候你想怎么拍？是拍大团圆的呢还是撕逼的呢？我爸都能演”。但现实生活可能不像李萍说得那么乐观，大军之前见李萍的爸爸妈妈还有大伯，据他说气氛就压抑，李萍家人对女儿生活的期待非常高，也可能是对她对象的不稳定有些不放心，总之言语上还是咄咄逼人的。

饭后，在院子里，李萍看见摄像机在拍她，又开始滔滔不绝的表演模式，她一直强调她家庭的不和谐、从小和父亲的争斗等，讲得绘声绘色，大军在旁边听着，实在受不了了，说，“李萍！该讲的讲，不该讲的别讲”。大军的这句话，前些天我也听他跟弟弟说过，叮嘱弟弟夜里睡觉不要什么都跟小天讲。大军说这话既是基于对纪录片拍摄的规律已经很了解了，也是对纪录片拍摄始终在窥探自己隐私的一种反抗。面对李萍语言暴力一般的诉说，小宇明显已经受不了了，说，“停机了，停机了，好了”！这样李萍才终于停了下来。小宇对我说，现在他很拿不准李萍到底在纪录片中占多大比重，因为这个女孩实在是太抢戏了，片子的主题很容易偏离，被带歪。但是面对大军身边出现的这个女人，而且是他未来的妻子，小宇又不可能不拍，所以只能先拍着，走一步看一步吧。

下午小宇采访了大军的弟弟雷子，雷子评价自己的哥哥，“他的朋友们好像很多，其实一个朋友也没有”。

昏昏沉沉的下午，没有拍摄。手机上看到消息，北京要举办冬季奥运会了。因为在北京生活，其实这是与我们息息相关的大事。但是此时在西北的小村落，很难想象这样的大事会和脚下的土地有什么关系，和生活在土地上的人又有什么关系。

晚上李萍做了烧烤，张大军戴上一个维吾尔族小帽装模作样地负责烧制，他模仿新疆话喊着，“新疆的羊肉串，男人吃了女人受不了，女人吃了男人受不了，男人女人吃了床受不了”。他觉得不过瘾，还让弟弟拿来他的录音机，放着流行音乐。大军读了一首自己写的诗《我的父亲》，这是他第一次表达对离家的父亲的感情。大家喝了酒，气氛很好，社会主义的大锅饭还在继续，拍摄者和被拍摄者生活在一起，其乐融融。

图6　小天拍摄大军烧烤

图7　拍摄者和被拍摄者一起吃晚餐

2015年8月1日

当举国庆祝北京获得冬奥会举办资格的时候，在甘肃白银来窑村，我们早上五点就起床了。小宇说有一处地势不错的山谷，让大军弟弟在清晨光线最好的时候开车带我们去，头一天晚上已经说好大军也去，但是今天早上他没有一点儿起来的意思，小宇只能妥协，我们按时出发不等他了。伴着星光，我、小宇、小天蜷缩在农用三轮车的敞篷里，一路颠簸，等到了山底下，朝阳已经出来，我们抱着设备赶紧往山顶跑。小宇架起了他心爱的玩具——航拍，飞行器开始在山沟里来回穿梭。这套航拍是大疆出的最新设备，装卸起来只要 5 分钟，之前小宇一直在拍《追火车》，这套设备就是《追火车》的主角王维搞定的大疆公司，可以免费拍一个礼拜，所以小宇这次来补拍的很多空镜都是用航拍的。基本上每天的早上、傍晚，这个航拍器都在村里的上空转悠，引来村民的围观。

图 8　大军家的山头

中午我们又打算去吃肘子面，到了村头发现有人在挖水渠，这是他们一直想要的劳动场景，小宇立刻让小天回去拿设备。他们对着农民干活拍了半小时，又饿又累，一句话不说走进饭馆。小宇对小天说，如果大军和李萍这两天领证，他们就一起拍；还有一种可能，

6 号以后领证，那么可能就留小天一个人在这里拍，问他行不行。小天说，“没什么问题，他们也不会拿我怎么样”。之前有几次就是小宇留着小天一个人拍摄，包括那次时间很长的巡演。小宇来之前本想着根据大军的采访来写解说词，然后让大军念出来，但是发现这种发自内心的诉说不太适合一个表达不好的人，所以决定放弃这种形式。吃饭的时候收到一个不好的消息，说大军的妈妈那边不同意拍摄。大军的妈妈在兰州工地打工，给人开电梯，一个月挣 2700 元钱，我们本来打算明天去兰州拍妈妈在工地干活的场景，但是雷子这时候发来短信说，工地不让拍。不让拍这种事在纪录片里实在是很常见，一般有两种可能，一种是确实人家规定不让拍，另一种是主人公不想拍所以找个借口。小宇说，“说是不让拍，但肯定有办法。比如我们三个人别一起进去，只有一个人进去，不引人注意”。纪录片的拍摄，总是和不利的客观条件做着各种斗争。

当我们回到家里，更大的消息等着我们。大军和李萍早上神秘地去了白银市，李萍回来后告诉我们，她怀孕了。她走进我们的屋子，说她要打个电话，这个电话不能让大军听到。然后她给她妈妈打电话，骂骂咧咧的，说自己怀孕了，赶紧把户口本明天带到兰州，和大军的妈妈见面商量婚事。我听不到妈妈的声音，但是感觉到她妈妈不太想去兰州，挂了电话，这惹得李萍更加生气，她甚至有些疯狂，一遍又一遍地打给妈妈，嘴里说着脏话。总之，在这几天的相处中，我感觉李萍非常恨自己的爸爸妈妈。过了一会儿，李萍爸爸打来电话，李萍变本加厉，威胁说如果不拿着户口本去兰州就断绝关系，她还故意把手机调到公放模式让我们听到她爸爸的声音，爸爸在电话那头说，“你看你妈妈都病成那样，你还这么气她”。在李萍接起爸爸电话的时候，小天已经开始拍摄了，李萍之所以把手机调到公放，也是想故意激起爸爸的怒火让他骂自己，然后我们就可以拍摄这段，但是当爸爸说出那句话的时候，我明显感受到的是一个男人的酸楚而不是可恶，李萍可能也意识到自己突然处在不道德的境地，赶紧关了公放，继续用这个世界上最恶毒的语言攻击着自己的亲生父亲。小天在一旁静静地记录，我和小宇已经忍受不了她的言行，小宇让小天关机，然后对着李萍说，“你不能再这样了。我们的拍摄完全助长了你的气焰，你就是做给我们看的”。李萍说，“我就是故意激我爸，这样他明天肯定会去兰州的。明天我在饭桌上肯定会和我爸打起来，你们等着吧”！等着李萍走了，我们三人在屋里面面相觑，小天说，“李萍就是故意到我们屋子里来打电话的，她就是为了让我们拍她，她要证明给我们看，她真的敢以一种不可思议的方式骂自己的爸爸”。虽然大家不说话，但是逐渐意识到，如果李萍的父母来到兰州，并和大军的妈妈见面，这个场面会是我们这次拍摄的最高潮。场面绝对不可预料，什么事情都可能发生，心里不知是喜是忧。

下午，李萍说她和大军要去兰州，准备去大医院做复查，于是我们也改变了行程，提前一天去兰州。我们匆忙收拾了行李，在路边拦车去了白银，再转乘大巴去兰州。

晚上八点，当我们到达兰州时，已是灯火通明。经小宇妹妹介绍，住在地震局的招待所，一个没有卫生间没有空调的三人间，一晚上 90 元。小宇说起自己的妹妹，他很不好意思，因为今年妹妹结婚他都没有回来。放下行李，妹妹和妹夫带着我们去吃清真餐厅，妹妹抢着付了钱，然后让我们去他们的新家洗个澡。在外近一个礼拜，总算可以洗澡，我和小宇很高兴，但小天却奇怪地说自己不去洗，小宇说最好去坐一会，小天不情愿地去了。妹妹的家位于招待所的后面，就是地震局的家属院，一万元的市价单位两千块钱分给了去年才参加工作的妹妹，妹妹说小宇从小在家里就很倔，家里除了小宇也没有其他人搞艺术，但是家里人还是很支持他的。我们在妹妹家聊起了片子的事情，小宇说这个片子的主人公就是大军一个人，主题也是关于音乐的，但是他现在比较担心李萍的出现会改变片子的气质。从目前已经拍到的素材来看，缺少一段两个人坐在一起掏心窝子说话的段落，如果拍的话，张大军一定会不自然。

2015 年 8 月 2 日

早上五点五十，我们艰难地爬起床，小宇妹妹已经在楼下等着了，我们打车去了白塔寺，小宇已经打听到这里是航拍兰州的最佳地点。兰州是一个狭长的城市，黄河把这座城一分为二，黄河一边是我们站在脚下的白塔山，另一边是五泉山。在我的印象中，没有一个大城市和黄河的关系这么密切，都市里面的人真真切切地生活在水边。我们又下山站在中山桥上拍奔腾的黄河和过往的行人，在德国人一百年前制造的铁索桥上，兰州人匆忙而过，让我感觉到这座城市的苏醒。小宇说，“我将来一定要拍一部片子，把兰州拍得像巴黎一样浪漫”。

吃过兰州的牛肉拉面，我们回到宾馆补觉，这些天来，我们的节奏一直是早上五点多起来航拍，用完最后一块电池，大概八点多回去睡觉，再起来就是中午了。回到宾馆，小宇表扬了小天，这是我第一次听到小宇表扬小天，就像一个老师表扬了作业优秀的小学生一样，小宇慵懒地躺在床上，说，“我看了你昨天拍的大军家里的空镜，拍得很好，比我预想得好很多，我相信大军看了都会哭的。虽然都是平常的家里的陈设，但是给人一种陌生的感觉。你要记住这种感觉，我们拍纪录片，事情都不重要，重要的是场景中的气质和散发出来的感觉”。

图9　俯瞰兰州

中午，小宇被李萍叫起来。说父母的见面地点改到李萍的老家西吉县，而且张大军的父亲也去。大军上次见到父亲还是爷爷去世的时候，据小宇说，大军的爸爸虽然没有和大军妈妈离婚，但是早在外面组建了新的家庭。其实他和小宇，早已经没有了父子关系，但是李萍的父亲要求一定要见大军的父亲，所以张大军才给父亲打了电话。这是一场相当复杂且有趣的见面，男方的父亲早已经和母亲没有夫妻之实，而女方的父亲也和自己女儿关系恶劣，这样的家庭四个人坐在一起，谋划着自己孩子的未来，是怎样一种场面呢？我们都意识到，这次拍摄的高潮即将到来。

简单收拾了一下，小宇和我去找已身在兰州的大军和李萍，让小天去接刚到兰州的雷子，雷子接下来要去找妈妈和姐姐，我们分两路开始拍摄。中午，小宇这边和大军李萍在一家面店会合，小宇劝李萍，“去西吉接下来的几天非常关键，这几天决定了你们的婚姻到底成不成，所以，你说话一定要小心，要少说话”。我坐在旁边，觉得小宇此时说这些话并不是出于导演的角度，而是以大军朋友的角度。在两年的拍摄时间里，他和大军的关系到底是什么呢？已经不能简单地用拍摄与被拍摄的关系来定义，这是一种相当缠绕的关系。这时候，小天进来了，说大军妈妈马上就要到了。小宇放下碗筷，立刻出去拍摄。李萍笑话小宇，“你看他累不累。他的生活完全是在拍摄中，思维也是拍摄思维”。

一大家子在面店里会合了。大军妈妈是一个非常典型的朴实的农村妇女，也很热情。小宇让小天继续留在这里跟拍，他回宾馆退房。等小宇一走，大家就开始吐槽他。大军说在巡演过程中，有一次因为录音师没有把声音录到，小宇大发雷霆破口大骂，把所有人都吓坏了。不过骂了之后拍摄都很顺利，也许在长期的拍摄中，需要舒缓情绪的不仅是大军，导演也要有情绪的出口。小天也说自己压力很大，“我经常做梦梦到自己做错了事情，有几次梦到自己把镜头弄坏了，还有几次梦到自己拍的东西不好被小宇骂”。梦是一个人现实生活的映射，在现实中，小天确实是一个紧张兮兮、动作麻利的人，他的这种气质经常被大军和李萍取笑，说他每天像喝了十罐红牛，能感受到他的压力非常大，小天自己也承认小宇就像自己的老师，和自己的老师生活工作在一起，怎么可能压力不大呢？

吃完饭，小宇早已在宾馆收拾东西，大军妈妈提出见亲家要去买双新鞋。我们就去了附近的购物广场，小天一个人跟着她进去拍摄，我和大军他们在外面等着。我问大军怎么看小宇的拍摄。大军说，“我原来也被人拍过，但都是很短的，所以当小宇联系我说要拍摄纪录片的时候，我以为也会很短。但是真没有想到他会拍这么久。他刚开始拍我我都觉得挺好的，但是去年他开始来我家了，开始采访我的家人了，我就开始感觉有些别扭，有些怪了”。

大军妈妈买了新鞋，并在商场的厕所换了一件新衣服，之后我们去肯德基坐着喝点东西。大军这时候鬼鬼祟祟地走掉了，李萍告诉我，这是去接他爸了，这个过程不想让我们拍，所以故意甩掉了我们。大军妈妈其实并不知道早已不见的丈夫这次也会去，但是我们在肯德基等着的这段时间，一来二去她也明白了怎么回事。小宇也回来了，当他知道事情的原委后也一直从中调解，因为大军的姐姐不去西吉，去的人有大军爸爸、妈妈、弟弟、李萍、小宇、小天、我，大军的爸爸开了一辆车，除此之外还需要一辆车，大军就给小宇打电话问怎么办，虽然没有明说，但是其实就是想让小宇租一辆，一家人一起过去。这时小宇从导演的角度想，完全可以坐大巴过去，这样大大节约成本。但是大军不想让不合的父母坐在一起，所以大军妈妈肯定是跟着我们走，但是我们坐大巴的话明显不合适，最好还是两辆车一起走。在这件事情上，大军和小宇争执了很久，其实就是钱的事情，大军从家庭的角度出发，觉得妈妈也应该坐小车，一起走一起到比较方便，但是小宇从一个屌丝导演的角度出发，租一个车可能将近一千块钱，他觉得不行。但是最后为了拍摄的顺利，小宇还是屈服了。

在等大军和他爸的间隙，李萍又对小宇说，到了西吉好吃好喝的，会让他住河景宾馆什么的，又开始了她的显摆，小宇对着李萍说，“你要知道，我们拍摄的主角只有一个，就是大军，就是关于他的音乐。你不要觉得我们会拍你，而在我们的镜头面前奋力表现”。说这话的时候，小宇语气严肃，李萍听了默不作声。其实能看出来，小宇对李萍有很大的成见，他不欣赏她，而且也当面说过，“将来这个家要靠大军，不是靠你”这样的话。小宇也多次表示过，这次促成父母见面的事情，大军一直在想办法，而李萍，起的全是负面作用。小宇还对我分析李萍，“你看她多少次给我们看她以前白富美的照片，还多少次说她第一次见大军时穿的衣服和高跟鞋，但是你现在看李萍穿的，觉得她其实也很农村。所以这就是李萍这一代在小县城富裕家庭长大的，有那种未完成的城市化，她们很爱强调自己的洋气，但其实和城里人比起来，她们还是很土”。在小宇和大军的拍摄中，小宇一直坚持自己最初的想法，所以他早已经把大军看做自己完成艺术表达的一部分而不可侵犯，但是李萍的出现，虽然给纪录片另外一种可能性，但是也有可能把片子的走向带离小宇的设定，所以小宇在潜意识中对李萍有一种审视的、小心的，甚至有些排斥的拍摄态度，他非常冷静地面对着大军的这段感情，尽管这段感情马上就要走向婚姻了。

大军爸爸开着一辆桑塔纳来了，他并没有下车，一家人站在车外，儿女们面无表情地面对着自己陌生的爸爸，他们也没有觉得尴尬，还是照常地聊天，好像车里坐着的并不是自己的爸爸，而只是一个开车送他们去西吉的司机。大军妈妈让雷子坐在副驾驶上，雷子二话不说坐了进去，父与子坐在一起一句话不说，大家站在外面看着他们，嘴里说着别的事，眼神却时不时地瞟向车里。另一辆车到了，大军把雷子叫了下来，按照他之前的想法，小宇、大军妈妈、雷子、我坐上了另一辆车。后来小宇悄悄地告诉我，“虽然大军妈妈和爸爸已经没有夫妻关系了，但是涉及彩礼钱，她想让他出一笔”。

两辆车一前一后行驶在从兰州到西吉的高速公路上，在我们这辆车上大家都不怎么说话，司机问大军妈妈，“前面开车的是你家掌柜吗”？妈妈回答，“恩”。因为大军爸爸开车有些慢，司机又问，“你家掌柜是不是性格比较慢呀”？妈妈回答，“恩”。但是只有坐在车里的我们，知道妈妈此时回答这些问题时奇怪的心情。与我们形成鲜明对比的，在大军爸爸那辆车上，李萍一路都在显摆自己显赫的家室和西吉的各种历史。

到了西吉，已是晚上八点半。李萍的家是一个两居室，家里陈设简单，挂满了他爸爸的照片和画，看得出来就像李萍所说，他爸爸确实是一个文人。一家人只是在家里坐了两分钟，就去吃饭了。李萍爸爸安排了一辆车送我们三人去饭店，在楼下时突然嘱咐说，“因为是公车，所以你们就不要拍了”。三辆车开了有十分钟才到了一家档次不错的餐馆。从政的李萍父亲可能觉得这么多人浩浩荡荡去吃饭在县城里太惹眼，所以专门选了比较偏僻的地方。

在一家装修豪华的包间里，一家人第一次坐在一张桌子前吃饭。李萍爸爸居主宾席，大军爸爸妈妈居其左右，再往两边的是李萍妈妈、我们的司机，李萍和大军坐在一起，靠近大军妈妈的右边。小宇、我、小天、雷子在大军的左手边一字坐开。一坐下，李萍爸爸对我们三个说，“现在这个时候，餐厅很怕摄像机进来的，我提前打过招呼，说是家庭录像”。小宇拍了这个房间的全景，然后就把一台机器架在角落录着，我们三人也落座了。大家坐在这张桌子上的感觉很奇怪，双方父母四位主角貌合神离，大军的爸爸妈妈不说话，而作为主人，李萍父亲也不太和他左右两边的亲家互动，这是他们第一次见面，但是他们好像已经过了寒暄的阶段，罔顾彼此。我们三人成了被欢迎的客人，李萍爸爸一直在和我们聊天而冷落真正的客人。这顿饭吃了一个多小时，他们根本没有提到结婚的事情，让我感觉大家只是为了填饱肚子而吃的这顿饭。中国人习惯在酒桌上解决事情，而今天因为我们三个贵客的存在，他们的家庭问题明显不想在这里解决。

快吃完时，李萍父亲问大军妈妈需不需要再聊一聊，大军妈妈说，要不再到家里聊聊吧。李萍父亲转头对我们说，“家里要不就不录了吧”。小宇说，“听大军的吧”。大军说，“要不就不拍了吧。”大家得到了最满意的答复，松了一口气。在这种时候，小宇肯定是希望去拍摄他们的谈话，但是他妥协了，他明显感受到拍摄对象们不愿意让他拍，所以他也不愿意为了拍摄而损害到大家的关系。

吃完饭在回去的路上，司机问我们是不是直接回宾馆休息，小宇停顿了一下，说，“宾馆离李萍家很近，要不还是先去李萍家打个招呼吧”。司机是李萍家的老朋友，说，“我知道你们工作的性质，但是我觉得你们也要考虑双方父母的想法，他们的谈话不太想让别人听到。我就是这么一个简单的建议”。司机说是一个简单的建议，但是语气十分强硬，作为李萍爸爸的挚友，这分明是替李萍爸爸表明了他的态度。

我们最终还是停在了李萍家的楼下，李萍突然大喊大叫起来，“人家花了900块钱包车来的，怎么能不让拍呢”。说着就往李萍父亲那里冲，小宇和大军奋力拉住他，不让他过去闹事。大军说，“小宇的片子不是为了拍这个，他拍了这个也没有用，你不信问小宇”！小宇表示默许。

我们没有拍成这次最期待和最冲突的家庭内部谈话的段落，三个人快快地回到酒店，可能是被李萍气到了，大军也跟我们到了酒店，也就是说，此时在李萍家里谈话的人包括李萍父母、大军父母，还有李萍。小宇在酒店里和大军聊了起来，大军说他后悔找了李萍，但是现在骑虎难下。小宇说，“这四个人坐在一起貌合神离，分明是两个破碎的家庭却在完成一个新的家庭的组成。社会关系中最重要的就是家庭关系”。大军说，“世界上最黑暗的东西都在家庭内部”。小宇默默地拿出摄像机，记录下大军非常绝望的时刻，而此时李萍家里发生的事情，我们不得而知。送走了大军，我问小宇没有拍到一家人谈结婚的事情可不可惜。小宇说，“就这个谈判的事情而言，可能对片子的作用不大，但是我期待在这场戏中，大军彻底的一种爆发，我的片子的主题是愤怒的乡愁，而目前拍摄的内容愤怒太少了”。关于片子的内容，我们一直聊到了夜里一点。

2015 年 8 月 3 日

早上李萍说昨晚两家人谈得挺好，并没有我们期待的争吵，初定 11 号领证，十一结婚。李萍说下午她爸爸请大家去附近的火石寨玩。小宇明确表示不想去，对拍摄没有意义，说要回兰州，李萍很不高兴。中午大家在一起吃火锅，李萍爸爸也提了下午的安排，小宇并没有提出反对，大家都知道小宇想回兰州，但他又一次屈服了。

在火石寨的山顶，大军一家四人默契地站在一个亭子旁，我们为他们拍了合影，这可能是这个家庭很久没有过的场景，大家和谐地站在一起，像任何一个幸福美满的家庭一样，脸上笑着。

图 10　大军一家合影

晚上回到宾馆，大军让小宇看了他用小 DV 从今年三月开始拍摄的素材，大家都围着看，出乎意料的是，非专业的大军拍出来的东西很有感觉，他拍摄村里的劳作、身边的亲人非常自然，拍树枝、小鸟、小狗，运镜都很有想法。小宇像发现了一个宝藏一样兴奋，他说自己完全没有意识到大军会一直坚持拍摄并且拍得很好，甚至当我们在他家的时候都没注意到他也一直在拍摄，这些素材生机勃勃，有些镜头很可爱，能够看到大军是怎么观察世界的、在关心什么。小宇觉得这些素材都有可能用到片子里，成为另外一种结构。

2015 年 8 月 4 日

上午十点，我们从西吉出发回兰州，在定远县城和李萍父母告别后我们三人转乘大巴继续往兰州方向走。下午三点到达兰州后，我们立即去了兰州的花儿剧场，要在这里补拍大军唱《春耕》。

花儿剧场位于兰州文化创意产业区，园区的建筑风格、项目类型都和北京的798相似，但是规模小了不少。花儿剧场对这个片子意味着很多，当初大军在这里开了两场专场，小天上大学在这里做义工，而小宇在这里拍过经营剧场的年轻人李冰，当然也拍过大军。花儿剧场既是每次《种子》剧组到兰州的中转站，也是一个兰州文青的聚集地，一个精神家园。小天一进门，就指着墙上的一首诗《春天出发的人》说是自己画上去的，诗的作者是剧场老板李冰。

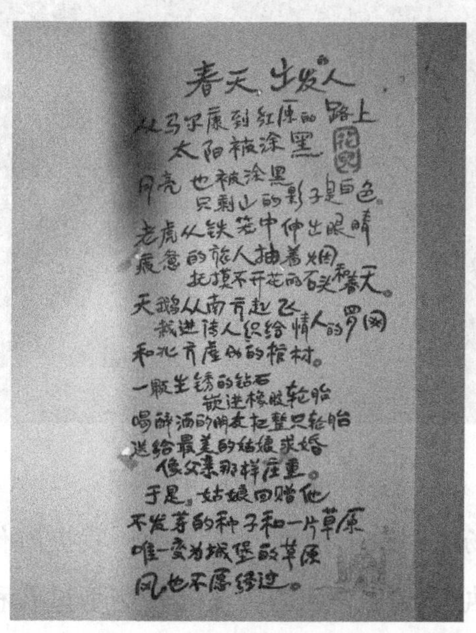

图11　花儿剧场墙面上的诗

这时候，李冰母亲出来认出了小宇和小天，他们像许久未见的老朋友一样聊了起来。这里既是一个剧场，也是一个青年旅社，在我们聊天时前台的小妹一直繁忙地接打着电话安排着过往住宿的年轻人。在剧场的过道上，有一排话剧的海报，编剧都写着李冰，但李冰说花儿剧场年底就转租给别人了，因为实在是不赚钱。我们走进黑乎乎的剧场，座椅上一层灰，看来确实很久没有演出了。在舞台聚光灯的效果下，小宇补拍了大军唱《春耕》，因为这首歌目前放在了纪录片的开场，所以需要相比以前更加精细的效果。前几天在烧烤的时候大军朗诵过一首《我的父亲》，因为当时读得比较搞笑，所以小宇让大军今天又读了一遍。读完之后，他又让大军说了说自己结巴的经历，所有的画面、采访都在剧场中那种富有艺术造型力的光线下完成。

图 12　剧场里拍摄大军

小宇想在剧场里用航拍拍摄大军读诗，我提醒他空间太小，可能施展不开。小宇执意起飞，但是当飞机升空不过几秒，气流回旋立刻使飞机失去了控制并且重重地摔到了地上。大家表情严峻，因为飞机摔坏了，机翼有部分折损，机身连接机翼的零件也摔碎了。由于突然的事故，今天的拍摄提前结束了。傍晚，我们在兰州吃了最后一次烧烤，本来应该是庆功宴，但是小宇一直给厂家发微信汇报着飞机的情况，再加上之前飞机的事故，使大家没有任何庆祝的意思。小天说，

“本来那个空间就不应该航拍，小宇就是太爱冒险了”。

晚上，我们在青年旅社的二层平台上和李冰喝酒聊天，旁边桌子坐着各种寂寞的文青，抽烟上网看书，大家聚集在这里，甚至不认识的男男女女住在一间屋子，孤独的灵魂在青年旅社飘散着。通过聊天得知，当初小宇拍摄大军，还是经过李冰介绍的。小宇向李冰介绍我的工作是在观察他的拍摄，李冰随口开玩笑说我是黄雀在后。李冰下半年就会去北京，有可能和小宇合作，他对小宇说的最多的话就是，“我们就应该搞网剧，露胸露大腿的那种，很好赚钱的，找十几万元预算，三个星期拍完，剧本就把现成的电影扒下来就行，我们就改编《喜剧之王》就行了”。但是小宇明显接受不了这样的想法，他还是希望做作品。两个人就这个问题整晚都在做着无效的沟通，夹杂着各种戏谑的玩笑。

2015 年 8 月 5 日

早上七点，雷子带着小宇、小天出发去拍大军妈妈打工的工地，之前虽然说工地不让拍，但是第二次问的时候，她说可以，但是尽量一个人去拍。对于纪录片来说，不让拍的问题很常见，但事在人为。为了避免惹眼，我就在青年旅社守候着。下午一点，他们俩满身尘土地回来。小宇说遇到了一些困难。小天说他们今天去的工地早上刚出了事，一个工人被砸死了，所以工地上出现了很多监工，大家的神情都很紧张。他们在大门口等了四十分钟大军妈妈才出来，把他们领了进去。小宇和小天进了一个偌大的工地，像打游击战一样四处躲藏，小心翼翼地拍了一些空镜，还好他们比较谨慎所以没有任何人盘问，小天一个人进到大军妈妈工作的电梯间，成功地拍到她工作的场景画面。在结束拍摄后，大军妈妈送他们出来，给了雷子一些零花钱，雷子不好意思地收下了。这个画面小宇觉得很好，但是因为那时候机器已经收了起来，所以他们俩都没有拍到。回到旅馆后，小宇对小天说，“这个我们都需要总结。妈妈送雷子的时候，肯定会有一些叮嘱，这个我们都应该能预料到的。当时虽然机器收起来了，但是你应该更坚决地拿出来，更坚决地拍，而不是在那里犹犹豫豫的，就算你拿出来他们已经说完了，可以让他们再说一遍嘛”。

因为大军在靖远的家里还留有一个硬盘，里面有他一直拿小 DV 拍的素材，所以小宇委托雷子回去后再拷下来，然后直接邮寄到北京。他们给了雷子一百元钱，雷子收下了。这次十天的拍摄彻底结束了，兰州的天空出现了彩虹，小宇说，今天收工，天降祥瑞。

图 13　天空中的彩虹

下午，在去兰州机场的路上，我让小宇总结这次的拍摄。他说，“这次的拍摄目的就是补拍，补拍的内容是让这个片子更好看，具有欣赏性，像航拍、季节性的空镜等，让观众觉得这个片子不错。从这个意义上讲，拍摄还是很成功的，可以打七十分。另外，关于李萍，其实是很重要的拍摄对象，但是针对她我的想法也是做了一些调整，作为观众一定会好奇张大军的感情生活，有一个女性配角的出现是必需的，所以李萍的角色是合适的，也是成立的，但是在实际的拍摄和接触中，我发现李萍太抢戏了，也会把主题带偏，如果观众在看李萍时产生了厌恶的情绪，那么对于主角张大军也会有负面效果，这肯定是不行的。虽然她很生动，但是我拍她的时候，还是很克制的，片子剪的时候，也会很克制。至于这次拍摄最大的收获，就是大军自己拍摄的素材，但也属于情理之中的事情，大军就是这样一个人。大军拍摄的素材，我觉得会改变这个片子”。说这话的时候，大巴已经缓缓地驶进兰州机场，我们这次的甘肃之行结束了。

附录二：“中国纪录片从业者生存状况调查”问卷

第一部分

1. 性别 。[单选题][必答题]

○ 男

○ 女

2. 年龄。[单选题][必答题]

○ 25 岁以下

○ 25～29 岁

○ 30～34 岁

○ 35～39 岁

○ 40～44 岁

○ 45～49 岁

○ 50～54 岁

○ 55～59 岁

○ 60～64 岁

○ 65 岁及以上

3. 籍贯。[单选题][必答题]

○ 安徽 ○ 北京 ○ 重庆 ○ 福建 ○ 甘肃 ○ 广东
○ 广西 ○ 贵州 ○ 海南 ○ 河北 ○ 黑龙江 ○ 河南
○ 香港 ○ 湖北 ○ 湖南 ○ 江苏 ○ 江西 ○ 吉林
○ 辽宁 ○ 澳门 ○ 内蒙古 ○ 宁夏 ○ 青海 ○ 山东
○ 上海 ○ 山西 ○ 陕西 ○ 四川 ○ 台湾 ○ 天津
○ 新疆 ○ 西藏 ○ 云南 ○ 浙江 ○ 海外

4. 目前工作地区。[单选题][必答题]

○ 安徽 ○ 北京 ○ 重庆 ○ 福建 ○ 甘肃 ○ 广东
○ 广西 ○ 贵州 ○ 海南 ○ 河北 ○ 黑龙江 ○ 河南
○ 香港 ○ 湖北 ○ 湖南 ○ 江苏 ○ 江西 ○ 吉林
○ 辽宁 ○ 澳门 ○ 内蒙古 ○ 宁夏 ○ 青海 ○ 山东
○ 上海 ○ 山西 ○ 陕西 ○ 四川 ○ 台湾 ○ 天津
○ 新疆 ○ 西藏 ○ 云南 ○ 浙江 ○ 海外

5. 教育水平。[单选题][必答题]

○ 初中及以下
○ 高中或中专
○ 大学专科
○ 大学本科
○ 硕士研究生
○ 博士及以上

6. 专业背景。[单选题][必答题]

○ 新闻传播
○ 理工科

○ 艺术专业

○ 其他__________________（请填写具体专业）

7. 工种。[多选题] [必答题]

□ 出品人 □ 制片人 □ 制片 □ 导演（编导）

□ 剪辑 □ 撰稿 □ 摄影 □ 音乐

□ 音响 □ 录音 □ 灯光 □ 解说

□ 航拍 □ 特效 □ 包装 □ 策划

□ 监制 □ 学术指导 □ 统筹 □ 动画

□ 宣发 □ 其他行政岗位___________（请填写具体职位）

8. 聘用形式。[单选题] [必答题]

○ 事业编制（请跳至第 9 题）

○ 企业聘用（请跳至第 9 题）

○ 兼职（请跳至第 9 题）

○ 实习（请跳至第 9 题）

○ 在校学生（请跳至第 10 题）

○ 自由职业（请跳至第 9 题）

○ 其他（请跳至第 9 题）

9. 从业时长。[矩阵单选题] [必答题]（填写完该题，请跳至第 11 题）

时间 行业	1 年以下	1～3 年	3～5 年	6～10 年	11～20 年	21～30 年	31 年以上
媒体行业	○	○	○	○	○	○	○
纪录片行业	○	○	○	○	○	○	○

10. 您第一次参与纪录片相关工作是在__________年。[填空题][必答题]________________________________(请填写具体年份)

第二部分

11. 请问您为何从事纪录片行业？[多选题][必答题]

□ 喜欢写作/摄影/编导

□ 学习纪录片相关专业

□ 喜欢接触社会，增长见闻

□ 喜欢游览，体验风土人情

□ 记录历史，传播思想

□ 揭露社会问题，表达个人见解

□ 有人文情怀

□ 出于社会责任感

□ 收入较高

□ 社会地位较高

□ 有机会成名

□ 工作时间灵活

□ 其他____________________(请具体描述)

12. 纪录片工作能否带给您如下感受？

(1. 不能　2. 一点　3. 一般　4. 能　5. 感受强烈)[矩阵量表题][必答题]

感受 \ 程度	1	2	3	4	5
充分施展个人才能	○	○	○	○	○
具有成就感	○	○	○	○	○
工作主动权高	○	○	○	○	○
进修提高机会多	○	○	○	○	○
定期升职概率大	○	○	○	○	○
工作紧张压力大	○	○	○	○	○

13. 请对您目前的同事关系和社会支持程度进行评价。

(1. 非常不赞同 2. 不赞同 3. 一般 4. 赞同 5. 非常赞同) [矩阵量表题] [必答题]

程度 \ 态度	1	2	3	4	5
我与同事相处和谐愉快	○	○	○	○	○
我喜欢与同事共同完成任务	○	○	○	○	○
我对单位人际关系表示满意	○	○	○	○	○
纪录片工作比别的行业得到更多社会的尊重	○	○	○	○	○
纪录片工作能对社会阴暗面进行揭露和反思，并得到社会的支持	○	○	○	○	○

14. 请就上级或同事对待您作品的态度进行评价。

(1. 非常不赞同 2. 不赞同 3. 一般 4. 赞同 5. 非常赞同) [矩阵量表题] [必答题]

态度 / 程度	非常不赞同	不赞同	一般	赞同	非常赞同
我主动创作的作品经常会被采用	○	○	○	○	○
领导能耐心听取我的意见和建议	○	○	○	○	○
领导经常委以重任	○	○	○	○	○

15. 您未来准备继续从事纪录片行业的时间。[单选题][必答题]

○ 现在就想离开

○ 1~5 年

○ 6~10 年

○ 11~30 年

○ 一直做，直到退休

○ 不知道/说不清

16. 如果继续从事纪录片相关工作，您理想的单位。[多选题][必答题]

☐ 中央级媒体（中央电视台纪录片频道、新华社、中新社等）

☐ 凤凰卫视

☐ 五洲传播中心

☐ 民营公司（伯璟、三多堂、雷禾等）

☐ 视频网站（合一集团、腾讯视频、爱奇艺等）

☐ 三大纪实频道（上海纪实频道、金鹰纪实卫视、北京纪实频道）

☐ 独立创作人

☐ 海外（NHK、BBC、Discovery 等）

☐ 学术研究机构

☐ 基金委员会或行业协会

□ 其他____________________（请填写具体单位）

17. 您最关注/最想创作的纪录片题材。（最多选五个）[多选题][必答题]

□ 人物　□ 纪实　□ 历史　□ 探索　□ 自然

□ 社会　□ 生活　□ 文艺　□ 军事　□ 科技

□ 其他____________________（请具体描述）

第三部分

18. 综合您的个人情况，您觉得您属于社会中的哪个阶层？[单选题][必答题]

○ 1（底层）

○ 2（中下层）

○ 3（中层）

○ 4（中上层）

○ 5（上层）

19. 请对以下说法进行评价。

（1. 非常不赞同　2. 不赞同　3. 一般　4. 赞同　5. 非常赞同）

[矩阵量表题][必答题]

描述 \ 态度	1	2	3	4	5
我觉得自己是“纪录片人”	○	○	○	○	○
其他媒体会称呼我们为“纪录片人”	○	○	○	○	○
社会公众会把我们叫做“纪录片人”	○	○	○	○	○

20. 您是否赞同以下对纪录片人的描述？

（1. 非常不赞同 2. 不赞同 3. 一般 4. 赞同 5. 非常赞同）

［矩阵量表题］［必答题］

描述＼态度	1	2	3	4	5
真实历史的记录者	○	○	○	○	○
社会现状的观察者	○	○	○	○	○
党和政府的传声筒	○	○	○	○	○
媒体单位的雇佣者	○	○	○	○	○
利益集团的代言人	○	○	○	○	○
养家糊口的劳动者	○	○	○	○	○
价值观念的传递者	○	○	○	○	○
历史文化的传播者	○	○	○	○	○

21. 您是否赞同以下对纪录片功能的描述？

（1. 非常不赞同 2. 不赞同 3. 一般 4. 赞同 5. 非常赞同）

［矩阵量表题］［必答题］

描述＼态度	1	2	3	4	5
纪录片是国家和民族的相册	○	○	○	○	○
纪录片是社会历史的见证者	○	○	○	○	○
纪录片有助于传播思想，启迪民智	○	○	○	○	○
纪录片承担着塑造国家形象的功能	○	○	○	○	○
纪录片是国际交流的重要媒介	○	○	○	○	○
纪录片是传承和发扬文化的重要载体	○	○	○	○	○
纪录片是大众娱乐的一种方式	○	○	○	○	○
纪录片具有文献价值	○	○	○	○	○
纪录片能够带来一定的经济效益	○	○	○	○	○
纪录片可以作为学术研究的论据	○	○	○	○	○
纪录片具有较高的艺术性	○	○	○	○	○

22. 您最认同以下哪种说法？[单选题][必答题]

○ 纪录片应完全尊重事实，杜绝一切主观因素

○ 纪录片可以适当加入导演的主观创作

○ 纪录片中可以存在大量的主观因素

○ 纪录片可以完全主观化，尽情创作

23. 您最认同以下哪种说法？[单选题][必答题]

○ 纪录片应该避免一切商业植入

○ 纪录片可以适当加入商业运作

○ 纪录片中可以有大量的商业植入

○ 纪录片可以完全商业化

24. 您最认同以下哪种说法？[单选题][必答题]

○ 纪录片不应该有任何娱乐元素

○ 纪录片可以适当加入娱乐元素

○ 纪录片中可以存在大量的娱乐元素

○ 纪录片可以完全娱乐化

25. 在纪录片拍摄中遇到以下情境时，您会怎么做？

（1. 继续拍摄 2. 停止拍摄 3. 告知被拍摄者并征求意见）[矩阵单选题][必答题]

做法 情境	1	2	3
被拍摄者开始向您倾诉个人隐私	○	○	○
被拍摄者正在受到身体的伤害	○	○	○
被拍摄者正在受到心理的伤害	○	○	○
意识到播出后会对被拍摄者造成不良影响	○	○	○
意识到播出后会对观众造成不良影响	○	○	○

续表

做法 情境	1	2	3
被拍摄者有求于拍摄者	○	○	○
被拍摄者表演痕迹明显	○	○	○
被拍摄者触犯了法律	○	○	○
被拍摄者违背了道德	○	○	○

第四部分

26. 您目前的婚姻状况是。[单选题][必答题]

○ 未婚

○ 已婚

○ 离异

○ 其他

27. 您目前的子女状况。[单选题][必答题]

○ 无子女

○ 有子女

28. 请问您对以下几个方面是否满意？

(1. 非常不满意　2. 不满意　3. 一般　4. 满意　5. 非常满意)

[矩阵量表题][必答题]

态度 项目	1	2	3	4	5
家庭关系	○	○	○	○	○
家人健康	○	○	○	○	○

续表

态度 项目	1	2	3	4	5
心理状况	○	○	○	○	○
身体状况	○	○	○	○	○
住房条件	○	○	○	○	○

29. 您觉得自己现在幸福吗？[单选题][必答题]

○ 非常不幸福

○ 不幸福

○ 一般

○ 基本幸福

○ 非常幸福

30. 您平均工作收入/月。[单选题][必答题]

○ 3000 元以下

○ 3001～6000 元

○ 6001～10000 元

○ 10001 元以上

31. 对于您目前的经济状况，您最认同以下哪种说法？[单选题][必答题]

○ 感到现在的经济收入太低

○ 现在的收入勉强支付日常开支

○ 现在的收入除了日常开支有盈余

32. 请根据您的现状，评价以下问题的严重程度。

(1. 不严重　2. 有点严重　3. 一般严重　4. 比较严重　5. 非常

严重）［矩阵量表题］［必答题］

状况＼程度	1	2	3	4	5
买不起房/房贷压力大	○	○	○	○	○
没时间陪家人	○	○	○	○	○
职业缺乏前景	○	○	○	○	○
工作压力大	○	○	○	○	○
上有老下有小	○	○	○	○	○
工作时间过长	○	○	○	○	○

33. 您上班的主要交通工具。［多选题］［必答题］

□ 公交车 □ 地铁 □ 私家车 □ 步行 □ 电动车

□ 摩托车 □ 自行车 □ 火车 □ 其他

34. 您上下班所需的单程时间。［单选题］［必答题］

○ 30 分钟以内

○ 30～60 分钟

○ 61～90 分钟

○ 91～120 分钟

○ 121 分钟以上

○ 上下班时间不固定____________________（请具体描述）

35. 您目前的住房状况。［单选题］［必答题］

○ 有房（无贷款）

○ 有房（有贷款）

○ 租房

○ 单位宿舍

○ 其他

36. 您目前主要从事的业余活动。[多选题][必答题]

□ 上网 □ 运动/健身 □ 读书看报看杂志 □ 打麻将/棋牌

□ 逛公园/旅游 □ 逛街购物 □ KTV、泡吧 □ 补觉

□ 看电视 □ 书画、摄影等 □ 看电影、演出、比赛等

□ 其他__________________（请填写具体活动）

参考文献

[1] [美] 安德鲁·G. 华尔德. 共产党社会的新传统主义：中国工业中的工作环境和权力结构 [M]. 龚小夏，译. 伦敦：牛津出版社，1996：14.

[2] [美] 埃里克·巴尔诺. 世界纪录电影史 [M]. 张德魁，等译. 北京：中国电影出版社，1992：200.

[3] [美] 比尔·尼可尔斯. 纪录片导论 [M]. 陈犀禾，译. 北京：中国电影出版社，2007：114.

[4] 曹锦清，陈中亚. 走出理想城堡——中国"单位"现象研究 [M]. 深圳：海天出版社，1997.

[5] 曹晋，许秀云. 传播新科技与都市知识劳工的新贫问题研究 [J]. 新闻大学，2014 (2).

[6] 陈敏，张晓纯. 告别黄金时代对52位传统媒体人辞职告白的分析 [J]. 新闻记者，2016 (2).

[7] 崔卫平. 中国大陆独立纪录片的生长空间 [J]. 二十一世纪，2003 (6).

[8] [美] 丹·席勒. 传播理论史——回归劳动 [M]. 冯建三，译. 北京：北京大学出版社，2012：6.

[9] 戴锦华. 隐形书写——90 年代中国文化研究 [M]. 南京：江苏人民出版社，1999：50.

[10] [美] 费·金斯伯格. 媒体世界：人类学的新领域 [M]. 丁惠民，译. 北京：商务出版社，2015：18.

[11] 高维进. 中国新闻纪录电影史 [M]. 北京：世界图书出版社，2013：45.

[12] 郭建斌. 媒体人类学：概念、历史及理论视角 [J]. 国际新闻界，2015 (10).

[13] [美] 哈里·布雷弗曼. 劳动与垄断资本——二十世纪中劳动的退化 [M]. 方生等译. 北京：商务印书馆，1978：27 - 32.

[14] 何苏六. 中国纪录片发展报告 (2015) [M]. 北京：社会科学文献出版社，2016：15.

[15] 何苏六. 中国电视纪录片史论 [M]. 北京：中国传媒大学出版社，2005：13.

[16] 黄宗智. 认识中国——走向从实践出发的社会科学 [J]. 中国社会科学，2005 (1).

[17] 姜琳琳. 当下我国传统媒体人离职现象研究 [D]. 济南：山东大学博士论文，2015.

[18] 蒋方舟. 创业成为新的上山下乡 [EB/OL]. https://www.douban.com/group/topic/72426411/，2015 - 02 - 13.

[19] [美] 克利福德·格尔茨. 文化的解释 [M]. 韩莉，译. 南京：译林出版社，1999：5.

[20] 雷建军，李莹. 生活而已——2000 年后中国独立纪录片导演研究 [M]. 重庆：西南师范大学出版社，2013：13.

［21］林旭东．纪录电影手册［M］．北京：北京大学出版社，2012：35.

［22］李汉林．中国单位社会：议论思考与研究［M］．北京：中国社会科学出版社，2014：182.

［23］李春霞，彭兆荣．媒介化世界里人类学家与传播学家的际会：文化多样性与媒体人类学［J］．思想战线，2008（6）.

［24］李艳红．传媒市场化与弱势社群的利益表达——当代中国大陆城市报纸对“农民工”收容遣送议题的报道研究［J］．传播与社会学刊，2007（1）.

［25］［美］理查德·佛罗里达．创意阶层的兴起［M］．司徒爱勤，译．北京：中信出版社，2010.

［26］刘效礼．2006 中国电视纪录片前沿报告［M］．北京：中国传媒大学出版社，2006：1.

［27］刘思达．职业自主性与国家干预——西方职业社会学研究述评［J］．社会学研究，2006（1）.

［28］刘耿．媒体人转型原因谈［J］．中国记者，2011（12）.

［29］刘雯．纪录片《犴达罕》：记录鄂温克族消失的狩猎时代［N］．长江商报，2014－03－14.

［30］林芬，赵鼎新．霸权文化缺失下的中国新闻和社会运动［J］．传播与社会学刊，2008（6）.

［31］罗文辉．新闻人员的专业性：意涵界定与量表结构［J］．传播研究集刊，1998（2）.

［32］吕新雨．纪录中国——当代中国新纪录运动［M］．北京：三联出版社，2003：21.

[33] [美] 马克·班克斯. 文化工作的政治 [M]. 王志弘, 等译. 台北: 群学出版社, 2015: 62.

[34] [美] 迈克尔·布洛维. 制造同意——垄断资本主义劳动过程的变迁 [M]. 李荣荣, 译. 北京: 商务印书馆, 2008: 86-99.

[35] [美] 欧文·戈夫曼. 日常生活中的自我呈现 [M]. 冯钢, 译. 北京: 北京大学出版社, 2008.

[36] [法] 皮埃尔·布尔迪厄, [美] 华康德. 实践与反思——反思社会学导引 [M]. 李猛, 李康, 译. 北京: 中央编译出版社, 2004: 133-136.

[37] 芮必峰. 描述乎? 规范乎? ——新闻专业主义之于我国新闻专业实践 [J]. 新闻与传播研究, 2010 (1).

[38] 王维佳. 作为劳动的传播——中国新闻记者劳动状况研究 [M]. 北京: 中国传媒大学出版社, 2011: 16-17.

[39] [英] 威廉·莎士比亚. 莎士比亚全集 (二) [M]. 朱生豪, 等译. 北京: 人民出版社, 1994: 139.

[40] 王小鲁. 中国独立纪录片 20 年观察 [J]. 电影艺术, 2006 (10).

[41] 王哲平, 王子轩. 从理论视角看电视人离职潮 [J]. 视听界, 2015 (3).

[42] 奚从清. 角色论——个人与社会的互动 [M]. 杭州: 浙江大学出版社, 2010: 13.

[43] 夏倩芳. "挣工分" 的政治: 绩效制度下的产品、劳动与新闻人 [J]. 现代传播, 2013 (9).

[44] 邢勇. 话语变迁与权力表达——观察中国电视纪录片 30 年

的一种视角［J］. 现代传播，2009（1）.

［45］杨力州 . 其实，我们是劳工［EB/OL］. http：//web. pts. org. tw/php2/program/point/pointViewArticle. php？ serials = 7&Page = 1&num，2006 – 03 – 07.

［46］曾繁旭 . 形成中的媒体市民社会：民间声音如何影响政策议程［J］. 新闻学研究，2009（100）.

［47］赵云泽，涂凌波 . “文人论政”与“新闻专业主义”：精神的区隔与认同［J］. 现代传播，2010（10）.

［48］郑伟 . 记录与表述——中国大陆 1990 年以来独立纪录片发展史略［J］. 读书，2003（10）.

［49］朱羽君，殷乐 . 生活的重构——新时期电视纪实语言［M］. 北京：北京广播学院出版社，1998：69.

［50］张志安 . 两类报纸记者的不同特点［J］. 中国记者，2011（2）.

［51］张钊维 . 作为一种文化产业的台湾电视纪录片制作环境——一个初步的参与观察与反省［J］. 电影欣赏，2002（3）.

［52］张文强 . 新闻工作者与媒体组织的互动［M］. 台北：秀威出版社，2009：224.

［53］Bourdieu，P. The Logic of Practice. ［M］. Stanford publishers，1990.

［54］Beck，U，Beck – Gernsheim，E. Individualization ［M］. Sage Publishers，2002：24.

［55］Day，W. W. Commodification of Creativity：Reskilling Computer Animation Labor in Taiwan，In Knowledge Workers in the Information

Society, eds. C. Mckercher & V. Mosco, [M]. Lexington Books, 2007: 85.

[56] E Brophy, G de Peuter. Immaterial Labor, Precarity and Recomposition, In Knowledge Workers in the Information Society, eds. C. Mckercher & V. Mosco [M]. Lexington Books, 2007: 182.

[57] Foucault, M. Afterword: The Subject and the Power, In Michel Foucault: Beyond Structuralism and Hermeneutics, eds. Dreyfus, H. and Rabinow [M]. Harvester Publishers, 1982: 208 -226.

[58] Hesmondhalgh. D. The Cultural Industries [M]. Sage Publishers, 2007: 5.

[59] Klein, N. No Logo. [M]. Flamingo Publisher, 2000.

[60] Ryan, B. Making Capital from Culture: The Corporate Form of Capitalist Cultural Production [M]. Walter de Gruyter Publishers, 1992: 5.

[61] Sara Dickey. Anthropology and Its Contributions to Studies of Mass Media [J]. International Social Science Journal, 1997, 49.

[62] Sherry B. Ortner. Not Hollywood: Independent Film at the Twilight of the American Dream [M]. Duck University Press, 2013.

[63] T. Miller. Global Hollywood 2. [M]. British Film Institute Publishing, 2005.

后　记

纪录者理应被记录。

这句话是我田野调查笔记中的第一句话，也是一直以来支撑我做无用功的动力。2014 年冬季的某天，吴炜华老师问我，“你们做纪录片的，总说纪录片人，这些人到底是谁呢？纪录片不赚钱，为什么又有那么多人要坚持做呢”？这些外部视角的发问启发了我，也让我开始思考纪录片工作者的主体性问题。

为了解答我的疑问，2015—2017 年，我开始了一项媒体人类学的田野调查，去体察微观情境下体制内外纪录片工作者的劳动与生活。随着田野调查的深入，我也逐渐聚焦纪录片文化生产的劳动过程。借用布洛维的话，生产不仅是经济的、技术的，而且是政治与意识形态的。尽管脱离了资本主义的血汗工厂的剥削，但对于社会主义的文化生产这句话同样恰如其分。

我的田野调查对象以纪录片自由职业者开始。相比上一时代独立导演的“对抗”姿态与“地下”状态，当下的自由职业者生存在一个更加弹性化的经济环境中，他们的角色逐步向市场主体和自由劳动力身份靠近，当资本逻辑成为社会主调，纪录片创作转变为商品化的生产活动，他们就被镶入工业生产的代工机制之中，进入一个又一个的临时且不稳定的短期雇佣系统中，以做活儿换取酬劳，由此自由职业的代工性质和矛盾的弹性结构产生了直接的劳动控制。同时，纪录片的工作者们不得不规训于市场逻辑，这种规训更加形塑和巩固了彼此之间不平等的权力关系。他们以一种进取式的价值实现艺术抱负，但这种进取反而促成自我规范，甚至自我剥削。

在对自由职业者展开研究时，我也关注着被单位收编的体制内纪录片人。这些任职于媒体机构的纪录片工作者赶上了纪录片的春天，在纪录片的生产、传播、营销中扮演着关键的主流角色，但是当他们成为组织的雇员，组织与个人的互动也就成为一场非常有趣的攻防游戏。媒体单位通过默许与放任的管理方式给予纪录片工作者自由，来换取个人对组织进一步的依附。这也进一步淡化了权力运作的痕迹，让单位对个人自上而下的控制变为单位与个人之间你来我往的互动。具体到纪录片人的劳动过程中，在国家话语与个人话语之间，在创意与标准之间，在前期拍摄和后期写作中，他们左右平衡、戴镣起舞。同时，工作中的常规和习惯成为创作者心中自我裁判的法则，产生了内在的自我约束。因为习以为常，常规已经内化为专业能力的一部分，使体制内创作者很容易忽略劳动过程中的自我控制。

唯有提供自由，权力才能得以顺利实施。虽然本书是对纪录片工作者的人类学考察，但我发现微观情境中的个人困境与整个社会与文化的格局是可以连接起来的。当国家与资本力量嵌入每个人的日常生活中，中国当代的文化工作者如何迎接挑战并和这些挑战共存，似乎可以从这个群体的个案中找到一种解释。

我过去几年极为不成熟的思考已部分呈现于本书中。首先要感谢香港大学王向华教授，他带我走进了人类学的世界，以他自身经历教我如何在田野中观察，如何写故事，如何理解人与社会的复杂。其次感谢我的硕士生导师何苏六教授，何老师的格局与视野提醒我看待问题要既见树木，又见森林。他的浪漫与善良，也常让我感念师者之风范。另外，我要感谢我的同事、好朋友吴炜华教授，吴老师的点拨不仅是本书研究的起点，他充满社会学想象力的真知灼见，也时常驱散我学术上的沉闷与枯燥。

由于学术伦理所限，我无法在书中写出研究对象的真实姓名，我想特别感谢所有接纳我参与式观察他们生活的纪录片工作者们。以人类学方法来研究纪录片人，本身就是一件有趣且极具挑战的事情。纪录片工作者本身就是讲故事的人，他们现在却被我观察被我讲述，这种互看与对视是我田野中经常要面对的问题，好在大部分人都理解我在做的事情，给予我极大的帮助。我的审视甚至是批判肯定会引起部分研究对象的不快，我也愿意虚心接受他们对我的审视和批判。

我还想特别感谢本书的责任编辑，中国金融出版社的石坚同志，以及本书的美术编辑李玉璞同学，缺少他们专业细致的工作，本书无法付梓。感谢我的师妹赵晨，本书第三章《中国纪录片工作者的职业意识》是在师妹无私的帮助下完成的。另外，第二章《纪录片的相关概念与历史回溯》大量参考了我与何苏六老师合著的《纪录片创作》一书。感谢我的好友杨扬、梁为超、徐阳、王冰迪、林泽秋、朱亦敏、王子轩、李峻、陈欢、刘俊、刘东啸、张楠、张勇、徐玮超、王旨昭，他们在我写作阶段都给予过慷慨的帮助。

最后，我想感谢我家人，父亲丰铁军、母亲张玲、妻子任雪、儿子丰语笙，家人是我完成此书的最大动力。我爱他们，谨以此书献给他们。